T0169209

Les meilleurs restos

APPORTEZ VOTRE VIN

à Montréal

Véhicule Press bénéficie de l'appui du Le Fonds du livre
(Patrimoine canadien).

Couverture: David Drummond
Composition: Simon Garamond
Impression: Marquis Imprimeur, Inc.

Traduit de l'anglais par Élise Cartier

CATALOGAGE AVANT PUBLICATION DE BIBLIOTHÈQUE
ET ARCHIVES CANADA

Fox, Joanna, 1980-
Les meilleurs restos apportez votre vin à Montréal
2010-2011 / Joanna Fox ; traduit par Elise Carter.

Comprend un index.
ISBN 978-1-55065-297-0

1. Restaurants—Québec (Province)—Montréal—Guides.
2. Montréal (Québec)—Guides. I. Titre.

TX907.5.C22M614 2010   647.95714'28   C2010-906530-1

Véhicule Press
www.vehiculepress.com
514.844.6073   FAX 514.844.7543

DISTRIBUTION AU CANADA
LitDistCo
www.litdistco.ca
800-591-6250

DISTRIBUTION AUX ÉTATS-UNIS
Independent Publishers Group, Chicago, Illinois
www.ipgbook.com
800-888-4741

Imprimé au Québec, Canada

JOANNA FOX

Les meilleurs restos

APPORTEZ VOTRE VIN

à Montréal

2010-2011

Véhicule Press

À la mémoire de ma grand-mère, Doris Cloran, amante de bonne nourriture et autres bonnes choses de la vie.

Sommaire

Remerciements 8

Introduction 9

Liste alphabétique des restaurants 11

Les restos 15

Restaurants par quartiers 77

Restaurants par types de cuisine 79

Remerciements

Sans l'aide, la générosité et l'appétit de chaque personne mentionnée ici, j'aurais été bien seule à table et ce livre n'aurait pas été possible. D'abord et avant tout, merci à mes parents, Bill et Pat Fox, qui ont sans doute participé au plus grand nombre de repas avec un enthousiasme indéfectible et en m'offrant soutien, encouragements et plus qu'une ou deux bouteilles. Je veux également remercier Bill Brownstein, Simon Dardick et Véhicule Press qui ont cru en moi et m'ont donné la possibilité de créer ce guide. Et à tous mes amis et membres de ma famille qui ont tant mangé et bu : enfin, c'est fait! Andrea Fox, Ross, Mich, Kim et Grant Cloran, Dan Haber, Jon Webb (pour avoir tenu le coup), Bobby Shore, Pat Kiely, Matt Silver, Darren et Jared Curtis, Rich Joyner, Alex McKinnon, Caity Taylor, Tate Snidal, Katye Stevens, Mark Slutsky, Pam Czerwinski, Ben Dernis, Isabelle Pilon, Trevor Barnes, Paul Renaud, Jen Kaminski, Ben Marsh, Brandi-Ann Milbrandt, Sarah Hoida, Andrew Pink, Alex Price, Gab Taraboulsy, Kathy Acimovic, Charles D'Angelo, Kieran Crilly, Anthony Young-Brault, Steph Gurd, Adam Gollner, Josh Brown, Mauricio Lobos, Brett Stabler, Douglas Bensadoun et sa famille, Rebecca Wolf, Fannie Crepin, Dana Klyszejko, Nadia Niro, Jess Roszler, Derek Molloy, Fred Chabot, Murad Meshgini, Eloi Dion, John Tsavalas, Steph Hanna (pour les bonnes intentions), Peter et Lyda Rollit et ces deux infatigables et toujours disponibles compères de l'*apportez votre vin*, Mark et Judy Zimmerman.

Introduction

Montréal est reconnue comme une des villes où on mange le mieux en Amérique du Nord. Non seulement le Montréalais aime sortir au restaurant mais c'est souvent un amateur de gastronomie et il a l'embarras du choix parmi une énorme variété d'établissements à prix raisonnables. Le fait de pouvoir apporter son vin dans plusieurs de ces restos ajoute au charme des tables montréalaises. Le concept *apportez votre vin* existe ailleurs sur le continent mais en matière de variété et qualité, Montréal remporte la palme.

C'est à la fin des années 70 que le client s'est vu offrir d'apporter sa bouteille au restaurant (sans droit de bouchon). *Le jardin de Panos*, premier *apportez votre vin* montréalais, a inauguré la pratique sur Duluth et est toujours aussi populaire aujourd'hui; mais c'est sur Prince Arthur que le mouvement a vraiment pris son essor. Les Montréalais ont très bien accueilli ces restaurants où on mange bien sans se ruiner et la métropole compte maintenant plus de 200 établissements du genre vers lesquels les foules continuent d'affluer, bouteille à la main.

Comme les *apportez votre vin* sont nombreux, un guide concis et à jour s'impose. Celui que vous avez entre les mains comprend des établissements réputés et prestigieux, d'autres où on se rend tout simplement les jours où on n'a pas envie de cuisiner et certains petits bijoux à réserver pour un repas spécial entre amis. Le choix est vaste : cuisine française, italienne et grecque, thaïlandaise, japonaise et vietnamienne, indienne, afghane, portugaise et de certains pays d'Afrique. Tout y est et, le plus souvent, à deux pas.

À Montréal, manger au resto est une expérience conviviale, tout comme partager sa bouteille. Les bonnes tables y abondent, ce qui a fait la réputation de la ville et en plus, on peut éviter la majoration des prix du vin et boire ce qu'on préfère sans grincer des dents à l'idée de la note en fin de repas. Vous trouverez ici soixante restaurants *apportez votre vin* montréalais soit une année entière de sorties hebdomadaires. J'espère que vous aurez autant de plaisir que moi à vous y retrouver et que vous profiterez au maximum de la nourriture, de la compagnie et de votre bouteille bien choisie.

Liste alphabétique des restaurants

À l'Os 15
Al Dente Trattoria 16
Alex H. 17
Apollo 18
Après le jour 19
Atelier, L' 20

Bitoque 21
Bleu Raisin, Le 22
Bombay Mahal 23

Camélia des Tropiques 24
Campagnola, La 25
Cash & Cari 26
Caverne grecque, La 27
Christophe 28
Chuch Végé Thaï Express 29
Cô Ba 30
Colombe, La 31
Couscous Royal, Le 32

Délices de l'Île Maurice, Les 33

Entrepont, L' 34
Estiatorio la Porte grecque 35
Feuilles de Menthe 36
Fornarina, La 37
Fou d'épices, Le 38

Grenadine 39
Héritiers, Les 40

Il Trullo 41
Ilios 42
India's Oven 43
Infidèles, Les 44

Jardin de Panos, Le 45
Jardin de Puits, Le 46

Khyber Pass 47

Lele da Cuca 48
Lotus Bleu 49
Lychee 50
Lyla 51

Machiavelli 52
Maison grecque, La 53
Monsieur B 54
Mozza 55

Oggi Ristorante 56
O Thym 57

P'tit Plateau, Le 58
Pégase, Le 59
Piton de la Fournaise, Le 60
Pizzeria Napoletana 61
Poisson rouge, Le 62
Prunelle, La 63
Punjab Palace 64

Quartier général, Le 65

Raclette, La 66
Ristorante Portovino 67

Steak frites St-Paul, Le 68
Sushi Mou-shi 69

Terrasse Lafayette 70
Toucheh 71
Trattoria il Piatto Pieno 72

Vivaldi 73

Yuukai, Fusion japonaise 74

À l'Os

La plupart des restaurants *apportez votre vin* sont assez informels. Cependant, certains ressortent du lot et se prêtent à une occasion spéciale et à une bouteille d'exception. Avec *À l'Os*, on est définitivement dans le haut de gamme de la restauration : fine cuisine, service élégant et efficace, ambiance très chic et soignée. Avec son décor à la fois sobre et clair, ses grandes fenêtres donnant sur le boulevard Saint-Laurent et surtout sa superbe cuisine ouverte sur la salle à manger, l'endroit est tout en justesse. On y sert de la cuisine française, préparée avec les meilleurs ingrédients. Certains détails témoignent du savoir-faire des propriétaires : un grand choix d'eaux – plates et gazeuses – de divers pays, un menu dégustation de cinq services (55$) et une abondance d'amuse-bouches en début de repas. Parmi les entrées les plus alléchantes on retrouve le tartare d'autruche parfumé à l'huile de truffe, les pétoncles avec crème de cresson et piment d'Espelette et un gâteau de boudin noir si sublime que même les plus sceptiques seront confondus. En plat principal on nous propose un filet mignon de Black Angus servi avec une généreuse portion de moelle, ou un steak de thon (croûte sésames, poivres et épices) saisi à la perfection avec ses champignons matsutake, ainsi que certains gibiers et autres spéciaux du jour. Au dessert, il faut essayer une des saveurs de glaces faites maison. Réservez votre meilleure bouteille, votre occasion la plus spéciale et passez un moment d'exception… *À l'Os*.

5207, boulevard Saint-Laurent (au nord de Fairmount)
(514) 270-7055
www.alos.ca
Métro : Laurier ou Saint-Laurent, autobus 55
Horaire : mar-dim 18h-22h
Cartes : cartes principales
Terrasse : non
Pour végétariens : non
Accès fauteuil roulant : deux ou trois marches
Prix : entrées 10-27; plats principaux 28-55

Al Dente Trattoria

Pour un bon repas italien dans un resto de quartier convivial, ne cherchez pas midi à quatorze heures : rendez-vous plutôt chez *Al Dente Trattoria*, à Notre-Dame-de-Grâce. Lieu favori des habitués du Village Monkland, cet *apportez votre vin* est l'endroit parfait pour contenter une fringale de pâtes ou de pizza dans une atmosphère très décontractée. Situé dans un demi sous-sol, l'endroit est chaleureux et tranquille en hiver alors que l'été, sa terrasse donnant sur Monkland est idéale – et très populaire – pour prendre un repas léger. La pizza cuite au four à bois a une pâte mince, croustillante et légère et est offerte en trente variations. C'est d'ailleurs l'item le plus apprécié au menu. Autre spécialité de l'établissement : les pâtes faites maison que l'on marie avec une sauce choisie parmi les nombreuses qui sont proposées. On sert à chaque soir une table d'hôte qui comprend toujours une sélection de pâtes, de pizzas ainsi que des plats de viande et de poisson, servis avec soupe du jour ou salade. La maison offre des services de traiteur, des plats pour emporter et fait aussi la livraison. Ouvert depuis 1989, *Al Dente Trattoria* continue d'être un bon restaurant familial où emmener les siens ou pour rencontrer des amis. Mais donnez-vous la peine de réserver car il y a vite foule!

5768, boul. Monkland (à l'ouest de Wilson)
(514) 486-4343
Métro : Villa Maria, autobus 103
Horaire : lun-jeu 11h30-22h; ven 11h30-23h;
    sam midi-23h; dim midi-22h
Cartes : cartes principales, Interac
Terrasse : oui
Pour végétariens : oui
Accès fauteuil roulant : non
Prix : entrées 4,45$-9,25$; plats principaux 11,50$-14,95$

Alex H.

Ce restaurant *apportez votre vin* de Notre-Dame-de-Grâce est un bon endroit où prendre un repas simple, fait maison. Très fréquenté des gens du voisinage, *Alex H* offre un menu table d'hôte. Avec son carrelage, son éclairage assez cru et ses quelques tables et chaises disposées ici et là, l'endroit a plutôt des allures de comptoir pour emporter. L'ambiance n'est donc pas exactement romantique mais la nourriture et le service impressionnants nous la font vite oublier. La table d'hôte comprend la soupe du jour ou la salade et les plats de résistance, accompagnés de pâtes ou pommes de terre, sont servis avec des légumes saisonniers cuits à point, c'est-à-dire croquants comme on les aime. Le gigot d'agneau est tendre, maigre et bien assaisonné. Les savoureux pétoncles Madagascar sont accompagnés de pâtes nappées d'une onctueuse sauce champignons et ail. Le foie est un autre excellent choix si vous avez envie d'un mets particulièrement satisfaisant. *Alex H* sert aussi plusieurs desserts faits maison comme sa croustade aux pommes avec glace à la vanille ou encore une mousse au chocolat – deux purs bonheurs qui valent bien le prix. En matière de bon repas abordable, *Alex H* est depuis longtemps un repère à NDG, et même si vous n'êtes pas du coin, cet *apportez votre vin* vaut le déplacement.

5862, rue Sherbrooke ouest (à l'ouest de Regent)
(514) 487-5444
Métro : Vendôme, autobus 105
Horaire : mer-ven midi-14h; mar-dim 17h30-21h;
    ven-sam 17h30-22h
Cartes : cartes principales, Interac
Terrasse : oui
Pour végétariens : choix limités
Accès fauteuil roulant : oui
Prix : plats principaux 14,50$-24,50$

Apollo

L'idée qui anime la plus récente entreprise du chef Giovanni Apollo est moderne et ambitieuse. Le menu, qui change selon les saisons et les arrivages, peut ressembler à ce qui suit : orzo, petits pois Bio, fois gras, homard, fruits de mer, pétoncles, canard, caribou, cerf, faisan. C'est simple et direct mais… une fois commandés, les plats sont ensuite déclinés de trois ou quatre façons distinctes, déterminées en cuisine selon la spontanéité créative du chef. (Et de quelle superbe cuisine il s'agit, bien située pour en mettre plein la vue aux convives!) Par exemple, les petits pois peuvent être servis dans deux plats de céramique blanche aux formes géométriques et disposés sur un plateau de bois carré. Ces mêmes pois peuvent aussi être présentés en risotto, ou avec champignons et beurre, ou encore en purée froide dans un grand verre; il y a même un flan aux petits pois d'une consistance légère. Si vous dites «canard», la cuisine pourrait compléter par magret, fumé ou confit; commandez les fruits de mer et vous pourriez vous retrouver devant deux sortes de poissons accompagnés d'une variété de légumes en purée, ou encore avec une salade froide de mollusques et crustacés servie avec pommes. Les desserts sont également présentés en variations sur thèmes : fromages, fruits, chocolats, crèmes brûlées, glaces, sorbets ou les inspirations du chef. Même si quelques plats sont parfois de qualité inégale, les idées de la cuisine sont divertissantes, différentes et font d'Apollo un *apportez votre vin* qui se renouvelle sans cesse.

6389, boulevard Saint-Laurent (angle Beaubien)
(514) 274-0153
www.apolloglobe.com
Métro : Beaubien, autobus 18 vers l'ouest
Horaire : mar-sam 17h30-22h
Cartes : cartes principales, Interac
Terrasse : non
Pour végétariens : oui
Accès fauteuil roulant : quelques marches à l'entrée
Prix : en moyenne, 62$

Après le jour

Si vous recherchez un cadre différent pour votre prochain repas en tête-à-tête, *Après le jour* est l'endroit désigné : éclairage tamisé, tons de rouge, lampes de table, banquettes capitonnées… Un décor aux inspirations burlesques qui attire une foule dans la trentaine. Le week-end, le restaurant offre une table d'hôte à 34$ qui comprend soupe, entrée, plat principal, dessert et café. En semaine, cette table d'hôte coûte 28$ et si on en commande une seconde, celle-ci ne coûte que 14$. Le service est attentif et le personnel qui va et vient entre les deux salles à manger est très efficace. La cuisine est française avec une disposition pour les grands classiques comme en témoigne le menu d'entrées : tartare de saumon ou de bœuf, ris de veau ou encore, fondue de chèvre et miel sur pain d'épices. Pour aborder le prochain service le palais rafraîchi, offrez-vous un entremets alcoolisé : thé glacé Long Island avec sorbet citron ou Le Bikini au rhum brun et sorbet noix de coco. En plat principal, les saltimboccas de veau sont servies à point tout comme les médaillons d'agneau et de bison. Surprise indienne dans ce menu européen : un poulet tandoori longuement mariné dans une sauce au yaourt, accompagné d'un risotto italien mais traité à l'indienne car parfumé au safran. Les desserts abondent, parmi lesquels la panna cotta au café se démarque. Atmosphère intime, décor original, excellente table : *Après le jour* se prête à un premier rendez-vous intime ou à un repas tranquille entre amis.

901, rue Rachel est (angle Saint-André)
(514) 527-4141
www.restoapreslejour.com
Métro : Mont-Royal
Horaire : mar-dim 17h-22h
Cartes : cartes principales, Interac
Terrasse : non
Pour végétariens : choix limités
Accès fauteuil roulant : appelez avant votre visite
Prix : entrées 9-22; plats principaux 24-34

Atelier, L'

Nouvelle administration et nouvelle orientation *apportez votre vin*, voilà le portrait rafraîchi de *L'Atelier*, un élégant resto du Mile End où l'on savoure une cuisine française. Les grandes tables de bois, l'éclairage tamisé et au mur, la longue banquette sur laquelle on prend ses aises en font un espace confortable et invitant. Un service exceptionnel s'ajoute à ces avantageux attributs. En amuse-gueule : olives, calmars frits, charcuteries et crevettes tempura sont proposés. En entrée, on retrouve une terrine de foie gras, des pétoncles sur fond de bisque de homard, un tataki de makaire bleu et surtout, la poutine maison : frites et morceaux de lapin braisé sont échafaudés comme les billots d'une cabane en bois rond et nappés d'une riche sauce BBQ, le tout parsemé de cheddar bien vieilli. En plat principal, on recommande l'épaule d'agneau braisé, fondante à souhait et accompagnée d'une purée de céleri rave et petits légumes, ou le tartare de saumon avec sauce mayonnaise rafraîchissante. Autres choix à ne pas négliger : tartare de bison, magret de canard, filet de flétan, risotto aux champignons. La maison sert aussi des spéciaux selon les arrivages et la saison. Pour couronner le repas, on propose des fromages québécois et des desserts tels la glace maison (celle aux fraises est divine!) et un exquis gâteau au chocolat sans farine. Plus coûteux qu'un *apportez votre vin* moyen, *L'Atelier* est un choix intéressant si on vise une coche au-dessus de l'expérience bistrot standard.

5308, boulevard Saint-Laurent (au nord de Fairmount)
(514) 273-7442
Métro : Laurier
Horaire : mer-ven 11h30-15h30; mar-dim: 17h30-fermeture
Cartes : cartes principales
Pour végétariens : choix limités
Terrasse : non
Accès fauteuil roulant : deux marches
Prix : entrées 12-16; plats principaux 22-30

Bitoque

Bitoque est une heureuse conséquence de la gentrification du secteur Atwater/Saint-Henri. Comme dans plusieurs restaurants portugais montréalais, on y sert une cuisine alléchante à prix intéressants. L'endroit est spacieux et le décor élégant avec des planchers de bois franc, une longue banquette et une cuisine ouverte. Le menu est offert en table d'hôte et change à tous les jours. Au menu à la carte, les assiettes de tapas accomplissent à merveille leur rôle d'entrées, pour une personne ou à partager : boulettes de morue dans une friture légère avec chutney citronné, calmars grillés arrosés d'huile de paprika, ou chorizo sur frittata aux légumes. En plat principal, vous avez l'embarras du choix parmi des plats de fruits de mer, poulet, bœuf et un jarret d'agneau moelleux à souhait. Mais les vedettes du menu sont sans contredit la bouillabaisse et le *bitoque da casa*. La première parce que son riche bouillon à la tomate parfumé au safran regorge de palourdes, lottes, crevettes, pétoncles et morues et, à 27$, est un bonheur à ne pas se refuser. Le second, non seulement parce qu'il donne son nom à l'établissement mais aussi, parce que c'est le plat typique des bistrots populaires portugais que chacun présente avec sa touche personnelle. Le bitoque de *Bitoque* est fait d'une entrecôte grillée avec œuf poché, glace de viande et frites en julienne. Pour appétits aguerris! La cuisine du *Bitoque* vous mettra le cœur en fête. Une expérience à répéter.

3706, rue Notre-Dame ouest (à l'ouest de Bourget)
(514) 303-6402
www.bitoque.ca
Métro : Lionel-Groulx, autobus 191
Horaire : lun-jeu 17h-22h; ven-sam 17h-23; dim réservé aux réceptions privées
Cartes : cartes principales, Interac
Terrasse : non
Pour végétariens : oui
Accès fauteuil roulant : deux ou trois marches à l'entrée
Prix : entrées 5-10; plats principaux 18-28

Bleu Raisin, Le

Ce charmant restaurant est un choix impeccable si vous voulez savourer une authentique cuisine française… à l'accent québécois. En effet, dans une ambiance bistrot mais feutrée, *Le Bleu Raisin* s'applique à mettre en vedette des produits québécois frais du marché dans ses créations gastronomiques 'françaises'. Le décor est subtil et le service, d'une qualité à laquelle on s'attend dans un bon restaurant français. Le menu est affiché sur une ardoise et change au gré des saisons; normalement, cinq entrées et cinq plats principaux y figurent et le penchant de la maison pour les viandes y est évident. Parmi les produits du Québec dont la cuisine du *Bleu Raisin* tire avantage, vous pourrez mettre la dent sur le caribou, le chevreuil, l'autruche, l'agneau et le canard. En entrée, on va du foie gras au tartare d'autruche en passant par les escargots; en pièce de résistance, on se délecte d'une mémorable poitrine de canard, d'un jarret d'agneau qui fond dans la bouche ou encore du poisson du jour. Au dessert, les spécialités françaises bien connues sont au rendez-vous de même que les fromages du Québec, servis avec une baguette de bonne qualité. *Le Bleu Raisin* propose un mariage Québec-France des plus réussis, au grand plaisir des gourmets et gourmands de partout.

5237, rue St-Denis (au sud de Boucher)
(514) 271-2333
Métro : Laurier
Horaire : mar-sam 17h30-22h30
Cartes : Visa, Interac
Terrasse : oui
Pour végétariens : non
Accès fauteuil roulant : oui
Prix : entrées 12-24; plats principaux 29-34

Bombay Mahal

Version indienne d'une binerie québécoise, le *Bombay Mahal*, au cœur de la Petite Inde montréalaise dans le quartier Parc-Extension, ne paye pas de mine. Très souvent bondé, on y offre d'excellents plats dont les prix dérisoires sont inversement proportionnels aux sensations fortes (lire : épicées) qu'ils vous feront connaître. Premier item digne de mention : les samosas (genre de egg-rolls indiens) farcis de pommes de terre, pois et épices et nappés d'une sauce aux pois chiches (chana), tomates, coriandre et yaourt. Ensuite, les pakoras aux légumes sont servis avec une sauce de piment vert, menthe et yaourt rien de moins que phénoménale. Chaque plat végétarien regorge de saveurs riches et complexes. Le tarka daal, un plat de lentilles jaunes en cari, ainsi que le bharta à l'aubergine sont succulents et crémeux. Quant au vindaloo, il est très piquant mais les saveurs de cardamome et cannelle ont quelques secondes pour vous séduire les papilles avant que ne déferle l'onde de choc pimentée. Le poulet tandoori est un peu décevant (souvenirs de Shake'n Bake...) mais le goût plus délicat du poulet tikka équilibre les ardeurs des autres aromates. Finalement, l'abondance de pains indiens vous donnera l'occasion d'abuser des bonnes choses alors gâtez-vous avec le naan au poulet ou le aloo paratha, farci de pommes de terre et d'épices. Pour gourmands et budgets serrés, le *Bombay Mahal* enflammera (si désiré) vos papilles, tout en vous assurant un excellent rapport qualité-prix.

1001, rue Jean-Talon ouest (angle Birnam)
(514) 273-3331
Métro : L'Acadie
Horaire : mar-sam: 11h-22h; dim 11h-21h
Cartes : Interac
Terrasse : non
Pour végétariens : oui
Accès fauteuil roulant : non
Prix : entrées 3-6; plats principaux 8-11

Camélia des Tropiques

Confort et joli décor pimpant font du *Camélia des Tropiques* un endroit attrayant où prendre son repas. La table d'hôte de cet *apportez votre vin* est une belle aubaine car pour environ 22$, on vous sert le plat-signature de la maison, soit l'embaumante soupe tonkinoise (poulet, bœuf ou légumes), un rouleau impérial ou printanier, un plat principal et le dessert. Le menu affiche plusieurs autres possibilités y compris un poulet grillé, tout simple sur son lit de verdure et accompagné d'une sauce au vinaigre de riz légèrement sucrée (Goi Ga), particulièrement délectable. Ici, les saveurs sont fines et délicates grâce à un dosage judicieux d'épices et d'herbes fraîches. Autre spécialité de la maison : un exquis canard parsemé de croustillants et irrésistibles morceaux de peau bien dorée. Les crevettes épicées, servies grésillantes, ne sont cependant pas aussi piquantes que l'annonce leur cote «deux piments»; mais la maison se fait un plaisir de fournir des piments forts fraîchement émincés aux intrépides qui entendent bien franchir la barrière du son. Le menu comprend également des choix plus légers pour ceux qui surveillent leur ligne. Seul bémol au tableau : si vous voulez bien profiter de votre expérience, préparez-vous au fait que votre serveur ne viendra à votre table que rarement au cours du repas. Mais les saveurs du *Camélia des Tropiques* rachètent bien cette légère lacune.

5024, chemin de la Côte-des-Neiges
   (angle chemin Queen Mary)
(514) 738-8083
Métro : Guy-Concordia et autobus 165 ou Côte-des-Neiges
Horaire : mar-ven 11h30-14h et 17h30-21h30;
   sam-dim 17h30-21h30
Cartes : cartes principales, Interac
Terrasse : non
Pour végétariens : oui
Accès fauteuil roulant : oui
Prix : entrées 3,50-7; plats principaux 10-15

Campagnola, La

La Campagnola, entreprise familiale gérée par les frères Joe et Dino Arcoraci, est un excellent choix si vous avez envie de «sortir italien». Suite aux rénovations, le décor de style *delicatessen* de la salle à manger principale a pris un coup de jeune et le menu offre de nouveaux choix. L'ambiance est toujours aussi informelle et les serveurs, avec leur t-shirt Pirelli, annoncent les couleurs résolument italiennes de la cuisine. Au comptoir *deli*, ouvert toute la journée, on peut commander des sauces, des fromages et des spécialités de la maison. Les choix de la salle à manger vont du braccioli de veau grillé au lapin au four en passant par un osso bucco exceptionnel. Les mercredis, on sert le gigot d'agneau, coupé à la table. Pour les groupes de six ou plus, il faut donner 24 heures d'avis. Tout ce que servent les frères Arcoraci est superbe et pour vous éviter le trop grand embarras du choix, les plats les plus populaires sont marqués d'une étoile. À signaler : le poulet ainsi que le veau, servis avec crème, cognac et piments rôtis vous feront regretter d'être arrivé au fond de votre assiette, et la salade tomate, feta, olives et basilic est un réel plaisir de fraîcheur, surtout l'été lorsque les tomates proviennent tout droit du jardin familial. Un service de traiteur est également disponible pour les fêtes et repas d'affaires. *La Campagnola* est une belle entreprise familiale qui a trouvé sa propre – et succulente – recette du succès.

1714, avenue Dollard (à l'est de Réjane)
(514) 363-4066
www.lacampagnola.ca
Métro : Angrignon, autobus 106
Horaire : mar-jeu et dim 16h30-22h; ven-sam 16h30-23h;
    fermé le lundi
Cartes : cartes principales, Interac
Terrasse : oui
Pour végétariens : oui
Accès fauteuil roulant : oui
Prix : entrées 8-19; plats principaux 17-36

Cash & Cari

Les habitants du Plateau sont des Montréalais choyés : depuis 2007, après un hiatus de quelques années, le volcan Nantha Kumar et sa cuisine flamboyante (look et goûts) sont toujours en éruption dans son établissement de la rue Duluth. Les créations malaisiennes, indonésiennes et thaïlandaises de Nantha sont toujours délectables et son statut de célébrité du Plateau et du *nightlife* montréalais est toujours intact. La bicoque de *Cash & Cari* (ou *Cash & Curry*) fait aussi office de galerie d'art, exposant quelques œuvres dans son minuscule et accueillant espace à manger. Le menu de spéciaux du jour et de plats à emporter – bref, simple et écrit en couleurs sur des ardoises distribuées ici et là dans le resto – change continuellement. En entrée, on retrouve régulièrement des samosas et une soupe du jour. En plat de résistance, il faut essayer l'incontestablement piquant phad thai (nouilles sautées à la thaïlandaise), servi en dose pour gros appétits, une spécialité de la maison aussi célèbre que son créateur. Aucune hésitation à avoir du côté des plats de viandes, de poulet ou des combinaisons de fruits de mer; quant au cari vert, il est superbe avec de tendres morceaux de poulet et de pommes de terre lovés dans une sauce exquise. À considérer aussi : l'agneau à la malaisienne, autre excellente spécialité de Nantha. Avec sa cuisine spontanée, variée et succulente, *Cash & Cari* continue de réjouir sa clientèle régulière retrouvée de même qu'une nouvelle génération de friands d'épices et de saveurs.

68, rue Duluth est (à l'ouest de Coloniale)
(514) 284-5696
Métro : Mont-Royal
Horaire : mar-sam 18h-22h
Cartes : argent comptant seulement
Terrasse : quelques tables sur la rue
Pour végétariens : non
Accès fauteuil roulant : oui
Prix : entrées 3-8; plats principaux 12-17

Caverne grecque, La

Le promeneur affamé de la rue Prince-Arthur est facilement déconcerté par l'abondance de restaurants, surtout dans l'effervescence des terrasses estivales. Ainsi, après avoir longuement et soigneusement considéré la question et suite à un rigoureux processus d'élimination, nous avons tranché : *La Caverne grecque* ressort du lot. Tout d'abord parce que l'intérieur de l'établissement est plus invitant et confortable que la plupart des autres endroits de ce mail piétonnier : murs de brique, boiseries, nombreuses plantes, puits de lumière, éclairage doux, chandelles. On s'y sent bien dès qu'on prend place à une des grandes tables de bois. Avec deux étages, l'endroit peut facilement accueillir les groupes tout en conservant une certaine atmosphère d'intimité. Le personnel de service est affable et efficace et la cuisine, grecque bien entendu, est honnête et nourrissante. La plupart des repas sont offerts avec choix de soupe ou de salade et les assiettées copieuses vous en donnent pour votre argent – et votre appétit! Un bon exemple de plat allant au-delà de toutes les attentes : le juteux bifteck de surlonge cuit exactement selon les spécifications du client est délectable. Les crevettes papillon sont une autre belle gâterie à s'offrir et la brochette de poulet est une valeur sûre. Promeneur en quête d'un bon repas grec sur Prince-Arthur, n'hésitez plus : entrez dans *La Caverne grecque*. Vous ne serez pas déçu.

105, rue Prince Arthur est (angle Coloniale)
(514) 844-5114
http://www.lacavernegrecque.com/
Métro : Sherbrooke, ou St-Laurent, autobus 55
Horaire : lun-dim 11h-23h
Cartes : cartes principales
Terrasse : oui
Pour végétariens : oui
Accès fauteuil roulant : non
Prix : entrées 4,25$-11,95$; plats principaux 12,95$-28,95$

Christophe

Il existe quelques rares restaurants parmi les établissements *apportez votre vin* qui se démarquent par leur raffinement : décor plus stylé, présentation en assiette élégante et service très soigné. Le restaurant *Christophe* fait partie de ce groupe sélect. Situé à Outremont, l'endroit est le modèle même du bistrot français traditionnel : plancher au carrelage noir et blanc, bar lambrissé, murs recouverts de miroirs, tables bistrot, serveurs (tous des hommes) avec chemise blanche et cravate et au menu, de grands classiques de la cuisine de l'Hexagone. Ce menu est proposé en versions table d'hôte et dégustation. Chaque plat principal comprend une soupe (aux saveurs de la saison) ou une entrée, selon l'excursion au marché du chef Christophe Geffray. En entrée, on retrouve souvent les ravioles de fruits de mer ou le décadent foie gras crème brûlée aux champignons sauvages. En plat principal, vous pourriez avoir l'embarras du choix entre la longe de veau rôtie avec zeste d'orange ou encore, la combinaison terre et mer de la maison soit une assiette de caille et les pétoncles, le tout accompagné de légumes racines miniatures. Les desserts sont dignes d'attention mais à tout prendre, l'assiette de fromages – tous du Québec et judicieusement choisis – constitue la meilleure façon de parachever ce repas d'exception. Si la réputation du restaurant *Christophe* est déjà solidement établie auprès des Outremontais, elle a depuis longtemps dépassé les limites du quartier alors… réservez!

1187 avenue Van Horne (à l'est de Bloomfield)
(514) 270-0850
www.restaurantchristophe.com
Métro : Place-des-Arts et autobus 80, ou Outremont
Horaire : mar-sam 18h-22h
Cartes : Visa, MC, Interac
Terrasse : non
Pour végétariens : non
Accès fauteuil roulant : oui
Prix : entrées 7,50-16; plats principaux 34-38

Chuch Végé Thaï Express

Le restaurant *Chu Chai*, à l'ambiance raffinée, est déjà connu comme un des meilleurs restaurants végétariens montréalais. Juste à côté se trouve *Chuch Végé Thaï Express*, sa version plus relax et moins dispendieuse, avec salle à manger et comptoir «pour emporter». La nourriture y est aussi bonne, le service plus informel et son atmosphère sereine frise le Zen. Avec ses murs de brique, ses boiseries et son plancher ciment-cool-branché, l'endroit se prête aussi bien à un lunch rapide qu'à un repas plus intime. La chef Lily Sirikittikul, véritable innovatrice dans son domaine, concocte des plats thaïlandais selon une formule entièrement végétarienne. Rien d'inusité ici sauf que chef Lily parvient à donner à ses reproductions strictement végétariennes de poisson, canard, bœuf, poulet et crevettes de merveilleux goûts de… poisson, canard, bœuf, poulet et crevettes! C'est à s'y méprendre. Le canard – fortement recommandé – a vraiment le goût et la texture du canard, les crevettes ont tout à fait l'air de crevettes et il est difficile, quand on savoure le bœuf du succulent «bœuf et brocoli», de savoir qu'il n'en est pas! Ici, la nourriture est vibrante et les plats débordent de saveurs d'herbes, d'épices et de succulents légumes. Le menu comprend aussi des plats simplement composés de tofu et de légumes frais. À noter qu'en été, le restaurant ouvre sa terrasse sur Saint-Denis, une autre bonne raison d'essayer le végétarisme. Chef Sirikittikul est une experte inspirée qui, dans un créneau tout à fait végétarien, réussit à plaire même aux inconditionnels de la chair.

4088 et 4094, rue Saint-Denis (au nord de Duluth)
(514) 843-4194
www.chuchai.com
Métro : Sherbrooke ou Mont-Royal
Horaire : tous les jours, 11h30-22h
Cartes : Visa, Interac
Terrasse : oui
Pour végétariens : absolument!
Accès fauteuil roulant : quatre marches à l'entrée
Prix : plats principaux 10-12

Cô Ba

La cuisine chez *Cô Ba* n'est ni tout à fait japonaise, sichuanaise ou thaïlandaise mais plutôt, un mélange des trois, réunies sur un seul menu où dominent les plats de poulet, fruits de mer et sushis. C'est l'endroit tout désigné pour assouvir les fringales pan-asiatiques. Le décor est subtil avec des tables assez espacées et de confortables chaises au dossier haut. L'établissement peut facilement accueillir les groupes et le personnel est accueillant et empressé. En entrée, vous pourriez débuter avec une soupe, une salade de calmars bien relevée ou encore avec de rondelets et goûteux raviolis (dumplings) à la Hunan avec sauce aux arachides. En plat de résistance, on retrouve les grands classiques, toujours selon l'approche pan-asiatique : poulet du Général Tao, nouilles sautées à la thaïlandaise (phad thai), mets teriyaki de poulet ou crevettes ainsi qu'un plat combiné (en portion généreuse!) de crevettes, pétoncles et saumon servi avec plusieurs sauces (basilic thaïlandais et citronnelle, cari jaune, gingembre). Surprise : le cari jaune est plus sec et épicé que les caris thaïlandais connus, mais c'est une variation appréciée. Quant à la sauce au basilic, elle est tout en arômes et douceur. Les sushis sont offerts à prix raisonnables et en choix assez varié pour satisfaire l'amateur qui doit cependant garder à l'esprit que *Cô Ba* n'est pas, à proprement parler, un resto de sushis. L'attrait de *Cô Ba* est qu'on peut y savourer les délices d'un cortège de cuisines asiatiques tout en dégustant son propre vin, dans un environnement raffiné.

1124, avenue Laurier ouest (à l'ouest de Querbes)
(514) 908-1889
Métro : Laurier et autobus 51; Place-des-Arts et autobus 80
Horaire : mar-ven 11h30-14h30 et 17h30-22h;
    sam-dim 17h30-22h30
Cartes : cartes principales, Interac
Terrasse : non
Pour végétariens : oui
Accès fauteuil roulant : deux marches
Prix : entrées 3,75$-10,95$; plats principaux 16,95$-25,95$

La Colombe

À la limite est du carrefour montréalais du *apportez votre vin*, soit la rue Duluth entre Saint-Hubert et Saint-Laurent, se trouve *La Colombe*, petit établissement tout en raffinement et intimité. Présentation soignée, couverts élégants et produits exceptionnels du terroir québécois font de ce restaurant une escale recherchée du circuit *apportez votre vin*. Le menu est offert exclusivement en formule table d'hôte avec quelques entrées complémentaires, dont un délicieux saumon fumé maison et un foie gras pour lequel l'endroit est reconnu. Chaque item au menu est soigneusement élaboré : le fabuleux filet de bison, le veau de lait ou de grain, le magret de canard avec sauce aux griottes, le flétan à l'estragon avec tomate et aneth, le gigot d'agneau et le filet mignon de porc, miel et épices. Lieu de délices pour les amateurs de cuisine française, *La Colombe* ne propose que des viandes locales de qualité Le menu change selon les saisons, la disponibilité et la fraîcheur des ingrédients et ainsi, bien qu'elle affiche quelques plats réguliers, la table d'hôte est en constante mouvance. *La Colombe* est un restaurant à réserver pour une occasion particulière, ou lorsqu'on veut franchement se gâter.

554, rue Duluth est (angle Saint-Hubert)
(514) 849-8844
Métro : Sherbrooke
Horaire : mar-sam 17h30-22h
Cartes : Amex, Visa, MC
Terrasse : non
Pour végétariens : choix limités
Accès fauteuil roulant : deux marches
Prix : table d'hôte 42$ et 55$, plus les extras

Couscous Royal, Le

Le Couscous Royal est un incontournable pour les friands de mets marocains. Depuis 1990, Anissa et Hafid Zniber gèrent cet intime et convivial resto au décor dépaysant : tapisseries aux murs et tissus tendus au plafond évoquent un intérieur de tente berbère. À l'étage, les groupes de quatre ou six convives s'assoient autour d'une table en 'U' sur des banquettes garnies de coussins. La maison propose deux menus : une table d'hôte comprenant leur délicat hoummos (subtiles saveurs de citron, ail, et huile d'olive, servi avec un pain pita chaud), une entrée, un plat principal, un dessert et un thé aromatique ou encore, une entrée et un plat principal à prix unique. On débute par la pastilla – plat national marocain – qui consiste en un feuilleté proposé en deux versions : mélange de poulet, amandes, oignons, cannelle et safran, ou farci aux fruits de mer. Les autres entrées comprennent la soupe harira faite de tomates, coriandre, pois chiches et lentilles, la rafraîchissante salade marocaine composée de tomates, concombres, poivrons verts, oignons et herbes, ou encore les merguez de bœuf faites maison. En plat principal, on retrouve un bon choix de couscous (légumes, poulet, agneau, merguez), un méchoui d'agneau à l'ail et au safran servi avec couscous aux légumes et enfin, des tagines (dont un au poulet aux olives vertes et aux citrons confits), tous servis avec couscous. Pour dessert : pâtisseries marocaines et thé. Arrosez ce festin marocain d'un bon vin et vous en sortirez repu et sans doute un peu plus replet.

919, rue Duluth est (angle St-André)
(514) 528-1307
www.lecouscousroyal.com
Métro : Sherbooke
Horaire : jeu-dim 17h-22h
Cartes : cartes principales, Interac
Terrasse : non
Pour végétariens : oui
Accès fauteuil roulant : non
Prix : 16,95$-24,95$

Délices de l'Île Maurice, Les

Dès qu'on met le gros orteil dans ce petit restaurant verdunois, plutôt anonyme de l'extérieur, on comprend qu'on est sur le point de passer toute une soirée. Tout d'abord, il y a le décor éclectique (le mot est faible) : tables recouvertes de linoléum bariolé, chaises pliantes, murs aux couleurs vives tapissés d'affiches touristiques mauriciennes. Ensuite, un peu de géo-gastronomie : Maurice est une île à l'est de Madagascar où se mélangent cuisines chinoise, indienne, créole, française, portugaise, danoise… De ce melting pot émergent les délices indéniables des *Délices* : viandes et fruits de mer apprêtés de diverses façons et rehaussés de sauces variées (cari, créole, cajun, safran et autres). Le choix d'entrées est restreint mais il y a une soupe du jour, et si c'est jour de dhal, précipitez-vous! C'est très bon. Autrefois le royaume d'un pittoresque personnage et one-man-show nommé Sylvestre, *Les Délices de l'Île Maurice* est maintenant sous la baguette du chef Jerry, un parent du proprio original et qui a eu la sagesse de sauvegarder le caractère relax et familial de l'établissement tout en y ajoutant quelques touches personnelles. Il y a maintenant un vrai menu mais notre suggestion est d'aborder le repas l'esprit ouvert en demandant ses recommandations à Jerry. L'expérience *Les Délices* est toujours aussi conviviale, les sauces piquantes faites maison et le chou frit à grignoter y sont toujours mais il y a maintenant plus de choix. Au cœur de Verdun, on peut donc se la couler douce autour d'un bon repas… en rêvant de l'Île Maurice.

272, rue Hickson (au nord de Wellington)
(514) 768-6023
Métro : De L'Église
Horaire : mar-ven 11h30-14h30; mar-sam 17h-fermeture
Cartes : argent comptant seulement
Terrasse : non
Pour végétariens : incertain…
Accès fauteuil roulant : une marche
Prix : peu dispendieux

Entrepont, L'

Grande vedette du circuit *apportez votre vin*, *L'Entrepont* est une des rares adresses commerciales d'une rue tranquille du Plateau Mont-Royal. Récemment rénové, ce petit bijou coquet et intime est une valeur sûre. Avec ses murs café-crème, ses serveurs efficaces et ses tables de bistrot, *l'Entrepont* annonce la couleur décidément française de sa cuisine. Les repas sont offerts en table d'hôte (potage et plat principal) ou selon une formule dégustation qui comprend la soupe, une entrée, un trou normand, le plat principal, dessert et café. Le menu affiche quelques entrées et plats principaux additionnels et le potage change au quotidien. Parmi les entrées régulières, on retrouve une riche terrine du marché, la truite fumée maison, un rafraîchissant croûton de chèvre et, une spécialité de l'établissement, le duo de foie gras. En plat de résistance, vous pourriez opter pour un canard du lac Brome, la caille avec farce au foie gras, le carré d'agneau ou la côte de cerf rouge avec sauce de gelée de groseilles et poivre concassé. Au dessert, le gâteau au fromage, réputé comme étant le meilleur en ville, est un véritable péché paradisiaque. Présentation élégante, saveurs raffinées... chaque assiette est préparée et servie avec le plus grand soin. De plus, au cours des années, *L'Entrepont* a su évoluer à la fois dans la cuisine et en salle à manger. Solide réputation, excellente table et service impeccable : *L'Entrepont* est un must pour qui veut vraiment vivre et goûter ce que Montréal a de meilleur à offrir.

4622, avenue de l'Hôtel-de-Ville (au sud de Villeneuve)
(514) 845-1369
Métro : Mont-Royal
Horaire : lun-sam 17h30-22h; dim ouvert sur demande, pour les groupes
Cartes : MC
Terrasse : non
Pour végétariens : non
Accès fauteuil roulant : deux ou trois marches
Prix : entrées 9$; plats principaux 28$-38$

Estiatorio la Porte grecque

Contenant québécois et contenu grec : l'*Estiatorio* (ou restaurant, en grec) *la Porte grecque* occupe en effet une maison québécoise historique construite en 1856, à Dollard-des-Ormeaux. Entreprise familiale depuis 25 ans, cet *apportez votre vin* s'est forgé une réputation auprès des gens du coin mais c'est aussi le choix d'amateurs de cuisine grecque de partout ailleurs. Les épais murs de pierre de l'antique demeure donnent tout leur charme aux salles à manger intérieures. L'été, la terrasse extérieure permet de prendre le repas à l'ombre des feuillus, une très agréable expérience. Le menu déroule toutes les spécialités grecques et l'accent est sur la variété : viandes, fruits de mer, plats combinés et même, une page entière est consacrée à ceux qui désirent faire des choix santé. Le service est affable et efficace et les portions sont copieuses. Les assiettes d'entrées de pikilia froides ou chaudes, conçues pour deux mais qui conviennent très bien à quatre personnes modérant leurs élans, sont la façon idéale de goûter à tout sans se ruiner l'appétit. Les plats principaux – côtelettes d'agneau grillées, brochettes d'espadon, crevettes papillon, moussaka et poulet grillé à l'origan, entre autres – sont accompagnés de salade, pommes de terre et riz et ne vous laisseront pas sur votre faim. Bien manger dans un lieu magnifique, voilà ce que vous propose l'*Estiatorio la Porte grecque*.

4600, boulevard des Sources, Dollard-des-Ormeaux
    (angle 9e rue)
(514) 683-4482
www.laportegrecque.com (en anglais seulement)
Horaire : lun-ven 10h45-22h; sam-dim 17h-22h
Cartes : cartes principales, Interac
Terrasse : oui
Pour végétariens : oui
Accès fauteuil roulant : oui
Prix : entrées 2,25$-10,95$; plats principaux 5,95$-20,95$

Feuilles de Menthe

Restaurant vietnamien géré par un duo mère-fille, *Feuilles de Menthe* est une belle trouvaille. Le décor sophistiqué affiche d'élégants contrastes : murs couleur crème, épais tapis rouge, plafonds élevés et nombreuses plantes qui agrémentent la salle à manger. Le menu comprend des spécialités du Vietnam et d'autres contrées d'Asie : soupe tonkinoise, salades de mangue et de papaye ainsi qu'une variété de rouleaux dont vous choisissez les ingrédients – vermicelles, herbes fraîches, assortiments de légumes, bœuf, poulet, crevettes – et sur lesquels la cuisine ne lésine pas. En entrée, les tendres lanières de bœuf mariné servies avec une sauce au poisson et piment fort sont particulièrement savoureuses. Autre excellente entrée : le tofu Agedashi (frit), accompagné d'une sauce au goût délicat. Parmi les plats de résistance, dont la plupart sont servis avec abondance de riz ou nouilles, on retrouve des délices tels cet onctueux mélange de fruits de mer, champignons et brocolis cuit au four dans une moitié de noix de coco; ou le bœuf sauté avec citronnelle; ou le *basa* grillé (une espèce de poisson-chat) avec aneth et crabe; ou encore, le poulet au gingembre, garni de légumes. Si votre appétit vous oriente vers du plus relevé, allez-y pour le plat de cari et lait de coco, piquant à souhait. Deux mots sur le service : convivial et attentionné. Pour mettre feu à vos papilles ou goûter la fraîcheur de la cuisine vietnamienne, *Feuilles de Menthe* est une bonne adresse où emporter vin ou bière.

5136, avenue du Parc (angle Labadie, au nord de Laurier)
(514) 272-1477
Métro : Place-des-Arts, autobus 80 ou Laurier, autobus 51
Horaire : mar-ven 11h-15h et 17h-22h; sam-dim 17h-22h
Cartes : Visa, MC, Interac
Terrasse : non
Pour végétariens : oui
Accès fauteuil roulant : non
Prix : entrées 4-7; plats principaux 18-23

Fornarina, La

Avec son atmosphère typiquement italo-montréalaise et sa salle à dîner au décor chargé, *La Fornarina* est un véritable monument local de la restauration pâtes et pizza. Autre que la murale de la Méditerranée qui tente (en vain) d'évoquer des effluves de côte amalfitaine, cet établissement familial est sans prétention : personnel cordial et enthousiaste, et très bonne nourriture à prix raisonnables. Le menu comprend un imposant choix de plats mais ce sont les pâtes et les pizzas cuites au four de briques qui font de ce resto *apportez votre vin* un endroit où on aime se retrouver avec famille ou amis pour un bon repas en toute simplicité. Les pizzas à croûte mince sont généreusement garnies de fromage et d'ingrédients choisis. La lasagne est un onctueux délice et les pâtes, toutes *al dente*, sont disponibles en demi-portion, idéal pour le client à l'appétit modeste. Quant au veau, il est accompagné d'un petit plat de pâtes, idéal pour le client indécis. Deux notes originales : les salades (à environ 10$) sont conçues pour être partagées et donc une seule convient pour quatre personnes; et le tiramisu est fait maison. *La Fornarina*, en plein cœur de notre Petite Italie, est un endroit agréable et décontracté où partager un bon repas et une bouteille choisie.

6825, boulevard Saint-Laurent (angle Dante)
(514) 271-1741
Métro : de Castelnau
Horaire : dim-jeu 11h-22h; ven-sam 11h- minuit
Cartes : Visa, MC
Terrasse : non
Pour végétariens : oui
Accès fauteuil roulant : non
Prix : entrées 4,95$-9,95$; plats principaux 10,95$-21,95$

Fou d'épices, Le

Ce joli restaurant vietnamien est un très bon endroit où prendre un repas peu dispendieux. L'établissement est décoré avec goût et quelques détails – lumière douce, service cordial – contribuent à son atmosphère moderne et confortable. D'ailleurs, l'endroit est souvent très achalandé. Les soupes ont de quoi impressionner, entre autres celle aux fruits de mer qui regorge de pétoncles, crevettes et crabe. Par contre, laissez de côté les rouleaux impériaux et optez plutôt pour les rouleaux de printemps, toujours fraîchement faits et remplis de poulet, crevettes, vermicelles et coriandre, le tout servi avec la sauce aux arachides bien connue. Le menu de plats principaux comprend des options végétariennes ainsi qu'une grande sélection de combinaisons, par exemple : soupe, rouleaux impériaux (encore ici, substituez par les rouleaux de printemps) et plat de résistance. Parmi les mets très satisfaisants de *Fou d'épices*, essayez le poulet grillé, délicatement glacé de sauce soya douce et servi avec riz ou légumes sautés; en version bœuf ou fruits de mer, ce plat est aussi appétissant. Au dessert, la banane frite servie avec crème glacée est le choix qui s'impose… et une délicieuse aubaine à environ 3$. *Le Fou d'épices* est une agréable trouvaille qui saura plaire aux convives en quête de bonne nourriture, bon service et bons prix.

300, avenue du Mont-Royal est (angle Henri-Julien)
(514) 288-8390
Métro : Mont-Royal
Horaire : mar-ven 11h-15h et 17h-22h; sam-dim 17h30-23h
Cartes : argent comptant seulement
Terrasse : non
Pour végétariens : oui
Accès fauteuil roulant : oui, sauf pour la toilette des hommes
Prix : entrées 4-8; plats principaux 10,95$-16,95$

Grenadine

Ce resto intime niche au pied de la côte de l'avenue Hôtel-de-Ville et, dans l'élan de la descente vers Ontario, vous pourriez le manquer ! Le chef-proprio de *Grenadine*, Alex Duchastel de Montrouge, offre une cuisine pour ceux qui aiment chatouiller les classiques français d'une touche d'Asie. Pour éviter de jouer du coude avec la tablée voisine, réservez près des fenêtres car l'endroit est petit. Mais ne vous privez pas de *Grenadine* sous ce prétexte, surtout pour un repas en tête-à-tête, car le rythme est cool et les portions idéales pour partager. De plus, on y dorlote le client avec plusieurs petites attentions dont les pains chauds, de jolis verres, un décanteur pour le vin et des amuse-gueule. Soupes et salades changent au quotidien mais les entrées comprennent toujours les crevettes sautées au cari, le croustillant de chèvre, betteraves, réduction de pomme grenade et crostini et l'excellent boudin au four. En plats principaux – dont les portions sont très généreuses – on retrouve les côtes levées de bison, sauce BBQ asiatique et chou nappa au mirin, le pavé de truite arc-en-ciel, orge rôti et vinaigrette aux noisettes torréfiées, le jarret d'agneau du Québec laqué au soya, la cuisse de lapin confite, la poêlée de crevettes et pétoncles, riz safran et crème au piment d'Espelette et finalement, les pâtes du jour. On offre aussi un menu cinq services qui vous permet de goûter la myriade de saveurs «grenadiniennes». Un *apportez votre vin* français – et plus – qui ne fait pas dans la routine.

2004, avenue Hôtel-de-Ville (au nord d'Ontario)
(514) 287-0099
www.grenadine.ca
Métro : Saint-Laurent
Horaire : mar-sam 17h30-22h
Cartes : Visa, MC, Interac
Terrasse : non
Pour végétariens : choix limité
Accès fauteuil roulant : trois marches
Prix : 27-40

Héritiers, Les

Les Héritiers est typique des restaurants qui donnent tout son charme au Plateau Mont-Royal. Loin de la cohue des grandes artères, on y propose un menu de petit bistrot parisien. Le personnel est très efficace et si la nourriture est classique, les choix sont variés. Le menu comprend deux tables d'hôte et un grand choix de plats à la carte. En entrée, on retrouve le saumon mariné sur mélange de fenouil, concombre, estragon et yogourt nature (léger et simple), le chèvre chaud servi sur mesclun ou encore, certains choix plus complexes comme la salade tiède de gésiers de canard au vinaigre de Xérès ou le foie gras au torchon sur brioche maison et chutney aux pommes. Quant aux plats principaux, vous pourriez vous laisser tenter par le suprême de pintade farci aux figues et chorizo avec sauce porto, le filet mignon à la fourme d'Ambert, les pétoncles frais poêlés beurre basilic ou, exception d'inspiration nord-américaine, les côtes levées de bison braisées avec sauce BBQ épicée. Pour dessert, il y a les fromages et une liste courte mais judicieuse de délices sucrés. À lui seul, le succulent duo de crèmes brûlées, avec marquise au chocolat sur crème anglaise au café et coulis de fruits rouges, vaut amplement le détour et est le prélude idéal à un espresso de fin de soirée. Pour une occasion spéciale ou un repas simple en semaine – mais de grande qualité – *Les Héritiers* est une adresse de choix. Et… réservez!

5091, rue De Lanaudière (au sud de Laurier)
(514) 528-4953
www.lesheritiers.com
Métro : Laurier, autobus 27
Horaire : mar-dim: 18h-22h30
Cartes : MC
Terrasse : non
Pour végétariens : choix limités
Accès fauteuil roulant : quelques marches
Prix : entrées 9$; plats principaux 21$-29$

Il Trullo

Au cœur du Plateau Mont-Royal, *Il trullo* est un endroit sympathique où l'on sert une cuisine italienne traditionnelle de pâtes, poulet et veau. Les atouts de l'établissement sont nombreux : prix abordables, service et ambiance décontractés, accueil cordial et une agréable terrasse d'où on a tout le loisir de regarder les gens flâner sur Saint-Denis et se délecter de l'animation des belles soirées d'été montréalaises. Le menu comprend un grand choix de poissons et fruits de mer, tous des plats idéalement apprêtés si on ne désire qu'une modeste portion de pâtes en accompagnement. La sole au citron, présentée avec pâtes sauce tomate et basilic, a un goût d'agrume vivifiant et frais, le tout très simple mais léger et goûteux. La table d'hôte propose des plats qui varient selon le moment et comprend la soupe du jour ou une généreuse salade verte. En entrée, on retrouve les choix italiens classiques mais la bruschetta est un réel plaisir à déguster avec un bon Pinot Grigio rafraîchi. Pour la suite, les spaghettis à la bolognaise sont dignes de mention car le chef ne lésine pas sur la viande et le plat évoque cette généreuse cuisine-maison italienne. Le veau est également savoureux, tendre et relevé juste comme il faut. Sur la carte des desserts, on retrouve les spécialités italiennes consacrées comme le tiramisu et la panna cotta, tous faits maison. *Il Trullo* est fidèle aux authentiques traditions italiennes : l'accueil réchauffe le cœur, la nourriture met l'eau à la bouche… il suffit de fournir le vin.

4135, rue Saint-Denis (au sud de Rachel)
(514) 504-1619
Métro : Mont-Royal
Horaire : mar-ven 11h30-22h; sam 17h-22h; dim 17h-21h30
Cartes : cartes principales
Terrasse : oui
Pour végétariens : oui
Accès fauteuil roulant : non
Prix : plats principaux 15-30

Ilios

Quel bonheur de tomber sur un restaurant grec qui se distingue des autres établissements du genre à Montréal; pas que ces derniers soient mauvais mais, il faut bien le dire, ils sont prévisibles. Chez *Ilios*, le menu est peut-être restreint mais la nourriture – surtout des fruits de mer – impressionne par son authenticité. Deux entrées sont des *musts*. Tout d'abord la salade grecque, parce qu'elle est servie à température ambiante (donc idéale) avec des tomates mûries à point et qui goûtent l'été, de la feta crémeuse salée juste comme il faut, de belles olives rondelettes et une vinaigrette aux herbes qui harmonise toutes ces saveurs. Seconde entrée à ne pas manquer, le spécial Ilios : de très minces tranches d'aubergines et de courgettes enveloppées de panure et délicatement frites, le tout servi avec un tzatziki bien fort en ail et qui donne tout son piquant à cette spécialité. En plat principal, on retrouve les assiettes de poulet et d'agneau typiques des établissements grecs mais, et c'est l'attrait de la maison, le choix de poissons et de fruits de mer est exceptionnel. Les poissons arrivent entiers à votre table, les calmars sont légèrement frits pour leur conserver une belle tendreté et les crevettes juteuses ont ce délicieux goût estival de grillé sur charbon de bois. Chaque repas est accompagné de pommes de terre, riz et fèves de lima en sauce tomate. Pour se régaler d'une cuisine grecque qui se démarque sans être obligé de casser son petit cochon, *Ilios* est un choix conseillé.

408, rue Gilford (à l'est de St-Denis)
(514) 499-0808
Métro : Laurier
Horaire : lun-dim 17h-21h30
Cartes : cartes principales, Interac
Terrasse : non
Pour végétariens : entrées et salades
Accès fauteuil roulant : oui
Stationnement : gratuit après 17h dans le parking à l'angle de Rivard et Gilford
Prix : entrées 6-13; plats principaux 14-29

India's Oven

Hospitalité et prix modiques sont les marques de commerce des restos indiens sur Jean-Talon. *India's Oven* ne fait pas exception. Décor au charme kitsch et joyeux tintamarre de vidéos indiennes accueillent le client tandis que le proprio prend plaisir à répondre aux questions, se promenant d'une table à l'autre comme un nouveau marié à son buffet de noces. Bref on se sent tout de suite à l'aise, ce qui est une bonne chose puisque la cuisine du *India's Oven* nous fait parfois attendre... Mais ça vaut le coup. Entre autres, les samosas aux légumes sont exquis (dignes rivaux de ceux du *Bombay Mahal*) et – une attention bien appréciée – on peut faire doser l'ardeur des épices pour chaque plat : du «sortez l'extincteur» au «tout en douceur». Les tandooris et tikkas sont recommandés pour ceux qui préfèrent autre chose que des plats en sauce mais il faut savoir que le poulet au beurre est un des mets les plus populaires. L'agneau vindaloo est aussi très prisé, avec ses riches saveurs de viande en parfaite harmonie avec les épices. Les végétariens trouveront aussi leur bonheur parmi les nombreux choix sans viande où figure un plat rare : le dhal aux lentilles noires. Le *India's Oven* ne fait pas dans la grande envolée gastronomique mais vous pouvez compter sur une bonne nourriture et un accueil des plus chaleureux.

454A, rue Jean-Talon ouest (à l'ouest de Durocher)
(514) 509-8678
www.restoindiasoven.com (avec version française catastrophique!)
Métro : Place-des-Arts et autobus 80 ou station Parc
Horaire : mar-jeu 11h-22h30; ven-sam 11h-23h;
   dim 11h-22h30
Cartes : cartes principales, Interac
Terrasse : non
Pour végétariens : oui
Accès fauteuil roulant : une marche
Prix : entrées 2,99$-7,99$; plats principaux 3,49$-15,99$

Infidèles, Les

Les Infidèles est un des établissements *apportez votre vin* les plus prisés de Montréal : sa cuisine française est hors pair et son service, très attentionné. Ce chef de file culinaire ne s'est jamais démenti et constitue une des raisons pour lesquelles Montréal est reconnue pour l'excellence de ses *apportez votre vin*. Le décor dénué d'artifices et une abondante lumière naturelle procurent à l'endroit une atmosphère intime et ouverte. On débute le repas par un amuse-bouche, selon l'inspiration du chef. Chaque plat principal est servi avec la soupe mais ne négligez pas les entrées à la carte. *Les Infidèles* privilégie le terroir québécois et ainsi, il est pratiquement impossible de faire un mauvais choix. La poêlée de pétoncles avec salsa fruitée, lait de coco et menthe est exceptionnelle : chaque pétoncle est bien caramélisé à l'extérieur et translucide et tendre à l'intérieur. La tarte brie et champignons est riche mais ses saveurs font bon ménage. Les plats de résistance comprennent des venaisons comme le caribou, un filet mignon de viande chevaline, un succulent canard à l'orange et un plat de porc et fromage tout simplement hors de ce monde. Vous pourriez découvrir un nouveau plat favori! Au dessert, vous continuerez de filer le parfait bonheur; difficile de choisir mais la crème brûlée du moment (par exemple, celle au thym citronné, exquise) pourrait vous séduire. Gastronome ou simple gourmand, il faut vous offrir un repas chez *Les Infidèles* car c'est sans contredit un des meilleurs *apportez votre vin* montréalais.

771, rue Rachel est (à l'ouest de Saint-Hubert)
(514) 528-8555
www.lesinfideles.ca
Métro : Mont-Royal
Horaire : lun-dim 18h-22h30; mer-ven 11h30-14h (groupes seulement)
Cartes : cartes principales
Terrasse : non
Pour végétariens : choix limités
Accès fauteuil roulant : oui
Prix : entrées 8-15; plats principaux 19-36

Jardin de Panos, Le

Entreprise familiale depuis 1979, *Le Jardin de Panos* a été le premier *apportez votre vin* sur Duluth. Pas surprenant que l'endroit soit toujours bondé; la nourriture y est honnête et bonne. Avec sa célèbre façade peinte aux couleurs de la Grèce, sa belle terrasse et ses nappes à carreaux, l'atmosphère du resto est familière, accueillante et parfaite pour ces soirs où on veut sortir manger mais sans tout le tralala. Le service est efficace et rapide… parfois trop rapide : les serveurs peuvent enfiler les services comme des verres d'ouzo à une noce grecque! Alors si vous avez envie de relaxer et laisser s'étirer le repas, faites-le savoir au personnel. En entrée, essayez l'assiette pikilia – un assortiment de taramosalata, olives, feta, spanakopita, dolmades et légumes. La purée d'aubergine est particulièrement savoureuse et idéale pour tartiner le pain croûté au blé entier avec lequel elle est servie. Les calmars frits, légers et tendres, sont un autre délicieux choix d'entrée. Les plats principaux, tous des classiques grecs servis en généreuses assiettées, sont accompagnés de pommes de terre et salade maison avec aneth frais et une fabuleuse vinaigrette. Tour d'horizon des autres plats de résistance : le poulet en brochette est juteux, les pétoncles grillés sont bien dodus et l'agneau est d'une qualité surprenante pour le prix. La moussaka, spécialité de la maison, est un peu sèche mais quand même satisfaisante. Les desserts font dans le très conventionnel mais en optant pour la baklava faite maison, vous terminerez votre repas sur une juste note grecque.

521, rue Duluth est (à l'est de Berri)
(514) 521-4206
www.lejardindepanos.com
Métro : Sherbrooke
Horaire : lun-dim midi-23h
Cartes : Amex, MC, Visa
Terrasse : oui
Pour végétariens : oui
Accès fauteuil roulant : non
Prix : entrées 2,50$-10,95$; plats principaux 14,95$-21,95$

Jardin de Puits, Le

Le concept même du *apportez votre vin* rime souvent avec 'restaurant grec'. Bien que plusieurs de ces restos soient situés sur les rues Duluth et Prince-Arthur, *Le Jardin de Puits* fait exception depuis 1984, desservant une clientèle de réguliers du secteur Saint-Denis avoisinant l'angle Villeneuve et Hôtel-de-Ville. L'établissement affiche toutes les caractéristiques du typique *apportez votre vin* grec : nappes à carreaux, verres à eau en guise de verres à vin et, à chaque table, d'épaisses tranches de pain de blé entier. L'aménagement de la terrasse, située sur le côté du restaurant, mériterait un coup de fraîcheur-pinceau-rénovation, ce qui n'empêche pas l'endroit d'être très achalandé tout l'été. Tous les plats principaux sont servis avec une nourrissante soupe aux lentilles ou aux légumes. Le choix d'entrées est impressionnant mais les calmars frits sont les vedettes ici : juteux, tendres et exquis, surtout si on ajoute un trait de jus de citron bien frais. Un mets idéal à partager. En plat de résistance, les brochettes de poulet, servies en portion bien généreuse et enrobées d'une sauce moutarde maison, fondent en bouche; mais ce sont les côtelettes d'agneau qui surpassent tout ce qu'il y a au menu : elles sont succulentes. Finalement, toujours typique de l'expérience *apportez votre vin* grecque, ces plats sont servis avec salade, pommes de terre et une montagne de riz. Aucun doute : vous vous extirperez de votre siège satisfait et rassasié!

180, rue Villeneuve est (angle Hôtel-de-Ville)
(514) 849-0555
www.lejardindepuits.com
Métro : Saint-Laurent, autobus 55 ou Laurier
Horaire : mar-sam 11h30-22h (mais la cuisine ferme plus tôt)
Cartes : cartes principales, Interac
Terrasse : oui
Pour végétariens : oui
Accès fauteuil roulant : oui
Prix : entrées 3,95$-10,95$; plats principaux 13,95$-30,95$

Khyber Pass

Pour sortir des sentiers battus des *apportez votre vin* italo-gréco-français, allez faire un tour du côté de la cuisine afghane chez *Khyber Pass*. L'établissement comprend deux salles à dîner dont les murs de couleurs claires sont ornés de peintures et de tapisseries. En été, on ouvre la terrasse à l'arrière ainsi que les fenêtres coulissantes donnant sur Duluth. Votre repas débute par des pains plats qu'on trempe dans trois sauces aux saveurs douces. La soupe maison – mélange de lentilles rouges et de coriandre – est une très agréable entrée en matière. Autre choix d'entrée : les borani à l'aubergine, en tranches frites, avec une sauce de yaourt à l'ail. Les plats principaux, tous servis avec du riz, sont accompagnés d'une salade de concombres, oignons, tomates, menthe et coriandre dont la fraîcheur désaltère le palais et s'harmonise avec les épices de cette cuisine d'Asie centrale. Le kabuli palao, un jarret d'agneau servi sur lit de riz brun garni de raisins secs et d'une julienne de carottes, est un beau mariage de saveurs. L'excellent kofta chalao est fait de deux grosses boulettes de viande juteuses, servies dans une riche sauce tomate. Le plat végétarien est un gumbo d'épinards, chou-fleur et aubergines. Vous avez aussi un choix de brochettes afghanes. L'unique dessert est un pouding parfumé à l'eau de rose, garni de pistaches. Pour des saveurs réconfortantes, mettez le cap sur *Khyber Pass* – ou «la passe de Khyber»… sur Duluth ou au 1694 boulevard Saint-Martin ouest, à Laval; (450) 688-5907.

506, rue Duluth (angle Berri)
(514) 844-7131
Métro : Sherbrooke
Horaire : lun-dim 17h-23h
Cartes : Visa, Interac
Terrasse : oui
Pour végétariens : oui
Accès fauteuil roulant : deux marches à l'entrée
Prix : entrées 4,50$-7,50$; plats principaux 15,95$-18,95$

Lele da Cuca

Lele da Cuca a tout de la petite entreprise maman-papa familiale : de la place pour à peine quarante convives, une atmosphère intime et une cuisine brésilienne maison sans prétention. En plus de la nourriture revigorante qu'on y sert, le décor coloré est un autre remède parfait aux blues d'hiver montréalais. Le menu est divisé en deux sections, brésilienne et mexicaine, mais pour les besoins de ce guide, nous optons pour le Brésil. Les plats principaux sont servis avec haricots noirs et salade. L'assiette brésilienne, pour deux, est une excellente entrée en matière : salade de cœurs de palmier, mangue fraîche marinée (maculélé), copeaux de noix de coco fraîche marinés dans le jus de citron, haricots noirs et finalement, cœur, foie et gésier de poulet (sarapatel). Le choix de plats de résistance est modeste mais tout à fait convenable. Le riz pernamboucain, un mets de style paella, est composé de riz, crevettes, poulet et saucisse de poulet dans une sauce tomate crémeuse, légèrement épicée, le tout accompagné de riz vapeur. Les crevettes à la bahianaise sont cuites dans une sauce tomate et lait de coco veloutée et bien relevée et servies avec riz vapeur. Et il ne faut pas oublier le plat national brésilien : la feijoada, un ragoût de haricots noirs avec morceaux de porc, bœuf et saucisses. Un repas chez *Lele da Cuca* est une expérience savoureuse… et divertissante grâce à la musique *live* qui, même dans cette petite salle à manger, se fait discrète et très agréable.

70, rue Marie-Anne est (à l'est de Saint-Dominique)
(514) 849-6649
http://www.leledacuca.com
Métro : Mont-Royal ou Saint-Laurent et autobus 55
Horaire : tous les jours, midi à 22h
Cartes : cartes principales, Interac
Terrasse : non
Pour végétariens : oui
Accès fauteuil roulant : oui
Prix : entrées 3,95$-17,95$; plats principaux 15,95$-18,95$

Lotus Bleu

Ce restaurant de quartier a pour spécialité une cuisine vietnamienne légère et saine. D'ailleurs l'écriteau au-dessus d'une des fenêtres à l'extérieur vous le confirme : « Fine cuisine vietnamienne de santé ». Il est agréable de voir des restaurants aller au-devant des exigences d'une clientèle soucieuse de sa ligne et de son bien-être. Ainsi, à l'exception de quelques plats frits (rouleaux impériaux, épinards croustillants et crevettes), *Lotus Bleu* sert un menu assez faible en cholestérol. L'endroit est intime avec un joli mobilier de style oriental et une musique d'ambiance, vietnamienne bien entendu. La salle à manger, assez étroite en hiver, s'ouvre sur une très plaisante terrasse estivale qui longe la rue Duluth. Au menu figurent plusieurs repas déjà composés, à prix raisonnables, ainsi que de nombreux choix à la carte d'entrées, soupes, viandes grillées, fruits de mer et plats au wok. La soupe won ton est subtilement parfumée et regorge de petits raviolis, ou dumplings, faits maison et bien dodus. Si vous vous intéressez aux options les plus judicieuses pour votre santé, commandez de la liste des viandes cuites sur le grill : ces brochettes légèrement marinées et grillées sur le feu sont tendres et succulentes. Chacune est servie avec riz et salade. Depuis ses débuts, *Lotus Bleu* compte une clientèle fidèle; fort probable que dès votre premier repas, vous saurez pourquoi.

350, avenue Duluth est (à l'ouest de Saint-Denis)
(514) 843-6183
Métro : Mont-Royal
Horaire : lun-jeu 11h-22h; ven-dim 16h-23h
Cartes : cartes principales, Interac
Terrasse : oui
Pour végétariens : oui
Accès fauteuil roulant : oui
Prix : entrées 1,95$-7,95$; plats principaux 9,95$-21,95$

Lychee

Lychee est une authentique maison thaïlandaise au cœur du Plateau, sur Mont-Royal. Planchers de bois franc aux tons foncés, représentations du Buddha, aquarium illuminé et stores de bambou contribuent à créer l'atmosphère plaisante et chaleureuse du restaurant. L'endroit est assez grand pour accueillir des groupes et il y a aussi, le long du mur, quelques tables avec banquettes pour une ambiance un peu plus intime. Le menu d'entrées comprend des dumplings, (ou raviolis chinois) à l'extérieur croustillant, des calmars épicés, des galettes de poisson et des rouleaux impériaux; mais pour plus d'exotisme, essayez une des salades thaïlandaises. Par exemple, la salade de papaye verte ou encore le rafraîchissant mélange de nouilles transparentes froides, coriandre, crevettes, arachides et piments forts. Vous trouverez au menu des plats de résistance un bon choix de soupes et de spécialités avec litchis, ingrédient emblématique de la maison. Les caris, ni trop lourds ni trop crémeux et mijotés juste à point, combinent des ingrédients choisis comme les légumes, le tofu, le porc, le poulet, le bœuf, les crevettes, le canard, les pétoncles ou d'autres fruits de mer. Chaque appétit trouvera donc son bonheur chez Lychee, un agréable *apportez votre vin* qui n'aspire qu'à combler ses clients, dans tous les sens du terme.

187, avenue du Mont-Royal est (angle Hôtel-de-Ville)
(514) 844-3882
www.restolychee.com
Métro : Mont-Royal
Horaire : mar-ven 11h30-14h30; dim-jeu 17h-22h;
    ven-sam 17h-22h30
Cartes : Visa, MC, Interac
Terrasse : non
Pour végétariens : oui
Accès fauteuil roulant : une marche
Prix : entrées 3,50$-8,95$; plats principaux 9,50$-21,95$

Lyla

Lyla propose d'authentiques spécialités vietnamiennes à prix raisonnables. Pour le décor, pensez Miami Vice rencontre Nickels : tables et chaises kitsch, murs jaunes et plafond bleu ciel orné de… nuages blancs. Pour l'accueil : le personnel est très gentil et serviable. Pour la nourriture : le menu propose un grand choix d'entrées et il est difficile de n'en commander qu'une. La mini-soupe (ou 'pho') tonkinoise consiste en un bouillon riche et nourrissant avec nouilles plates et herbes fraîches; les raviolis asiatiques, fraîchement faits et saisis au wok, sont farcis aux crevettes et au porc et servis avec une trempette au sésame dont le petit côté piquant émoustille les papilles. La salade Goi Ga, composée de poulet déchiqueté et chou émincé assaisonnés de basilic frais, est un plat très léger et santé si on veut ménager son appétit pour le reste du repas. La soupe en plat principal est tout simplement parfaite, que vous optiez pour la version au bœuf, au poulet ou encore végétarienne. De coutume, les plats au porc sont une spécialité vietnamienne; *Lyla* nous en donne la preuve avec ses crêpes de riz au porc grillé qui exigent qu'on mette la main à la pâte pour les assembler et y ajouter, à son goût, concombre, basilic, carottes et fèves germées. Un plat idéal à partager. Budget sage? Envie d'un repas simple, sain et aux saveurs délicates? *Lyla* relève le défi tout en vous invitant à apporter votre bouteille de circonstance.

431, rue Jean-Talon ouest (à l'ouest de Hutchison)
(514) 272-8332
Métro : Parc, ou Place-des-Arts, autobus 80
Horaire : dim-mer 11h-21h; jeu-sam 11h-22h
Cartes : Visa, MC, Interac
Terrasse : non
Pour végétariens : oui
Accès fauteuil roulant : oui
Prix : entrées 2-6; plats principaux 6,75$-10,75$

Machiavelli

Propriété de Ryan Kelly et du chef Raymon Sharma, deux jeunes et dynamiques entrepreneurs culinaires, *Machiavelli* est un charmant petit restaurant au carrefour des deux artères principales de Pointe Saint-Charles. Décorée d'œuvres d'artistes locaux, la maison sert une cuisine italienne classique avec touches personnelles et que le client peut déguster, en saison estivale, sur la terrasse arrière. À essayer : la salade d'été au bocconcini, délicieuse et rafraîchissante avec son basilic cueilli à même le jardinet d'herbes derrière le resto. L'assiette de spaghettini *Godfather* – très populaire – marie saucisses italiennes, tomates séchées, olives noires et herbes, le tout enrobé d'huile d'olive. Saveurs harmonieuses, pâtes al dente… vous n'en laisserez pas un morceau. Les plats de poisson et de poulet sont également dignes d'attention. Attraction spéciale au menu : la crème brûlée au fromage dont le goût salé est en parfait équilibre avec les saveurs sucrées de ce grand classique des desserts. Pour tenter sa chance dans un domaine aussi capricieux que la restauration, il faut du cran et de l'énergie. Les efforts de Ryan Kelly et Raymon Sharma ont porté fruit et leur établissement est une belle réussite en devenir.

2601, rue Centre (angle Charlevoix)
(514) 315-9981
www.machiavelli.ca
Métro : Charlevoix
Horaire : mar-dim 17h-21h
Cartes : cartes principales, Interac
Terrasse : oui
Pour végétariens : oui
Accès fauteuil roulant : une marche
Prix : entrées 5-12; plats principaux 9-25

Maison grecque, La

À Montréal, les restos grecs *apportez votre vin* sont si nombreux qu'ils finissent par se ressembler : menus identiques, terrasse pour laquelle chacun se proclame «célèbre» et atmosphère un peu troglodyte d'arches de briques, dédales de salles et de niveaux, murs avec panneaux de bois. *La Maison grecque* fait partie du lot mais se démarque sous deux aspects : la terrasse de la cour arrière, protégée du soleil par quelques feuillus, est très accueillante et surtout, la nourriture est tout simplement délicieuse. Les prix sont raisonnables et le personnel affable. Le menu d'entrées comprend les choix réguliers : pikilia, calmars, spanakopita, tzatziki et taramosalata; chaque plat principal est précédé d'une soupe à l'oignon ou de la soupe du jour, le plus souvent aux lentilles. Les portions sont généreuses, la salade maison savoureuse (si on n'abuse pas de la vinaigrette) et le pain à l'ail, servi chaud à chaque table, est un détail apprécié. Dans l'ensemble, le souci de la qualité est remarquable. Certaines viandes, dont celles servies en brochettes, sont assaisonnées d'une sauce miel et moutarde, une réussite de la maison qui harmonise saveurs d'épices grecques et moutarde sucrée. Le shish kebab d'agneau est succulent, ce qui est très apprécié si on considère que l'agneau, supplanté par le porc dans plusieurs restos grecs, est maintenant difficile à trouver. Peu d'originalité quant aux desserts mais on ne peut tout avoir. Bref, pour un honnête gueuleton de très bonne qualité, n'hésitez pas à faire déboucher votre bouteille à *La Maison grecque*.

450, rue Duluth est (angle Rivard)
(514) 842-0969
Métro : Sherbrooke
Horaire : lun-dim 11h-23h
Cartes : cartes principales
Terrasse : oui
Pour végétariens : oui
Accès fauteuil roulant : non
Prix : entrées 2,25$-9,50$; plats principaux 10,95$-26,95$

Monsieur B

En reprenant les locaux du célèbre *La montée de lait*, *Monsieur B* a succédé à une grande pointure. Mais avec sa cuisine de marché et ses plats s'inspirant des humeurs de la saison, l'établissement a relevé le défi. L'endroit est toujours aussi petit (quarante convives) mais avec juste assez d'espace pour éviter l'étouffant coude-à-coude typique de certains bistrots. Le menu est concis, avec une soupe du jour comprise dans le prix de chaque plat principal, peu importe l'entrée. On retrouve des spéciaux saisonniers comme cette rafraîchissante panna cotta printanière qui met en vedette les premières asperges locales sur un îlot de légumes en julienne. Entrées dignes de mention : le foie gras avec compote de figue et toast de brioche; les pétoncles poêlés avec purée de courge butternut et chutney de pommes; et le gâteau de crabe – pour lequel on ne lésine pas sur le crabe – avec céleri rémoulade et mayonnaise au poivron. Quant aux plats principaux : le filet de veau sauce moutarde avec polenta et légumes mélangés est rosé à point; le risotto de jarret d'agneau avec pois verts fond dans la bouche et le pavé de saumon au four, croquant à l'extérieur et juste cuit au centre, est accompagné d'acras (petits beignets) de morue avec crème sûre. Un beau choix de fromages du Québec termine le repas ainsi que quelques desserts, dont le brownie aux pistaches est à retenir. Si le 'B' de *Monsieur B* est pour bistrot, il est aussi pour bondé (la salle), et bienheureux (les convives).

371, rue Villeneuve est (angle de Grand-Pré)
(514) 845-6066
www.monsieurb.ca
Métro : Laurier ou Mont-Royal
Horaire : lun-sam 17h30-22h30; dim 11h30-22h30
Cartes : Visa, MC
Terrasse : non
Pour végétariens : sur demande
Accès fauteuil roulant : deux marches à l'entrée
Prix : entrées 8-16; plats principaux 20-30

Mozza

Établissement spécialisé en pâtes et pizzas italiennes, *Mozza* a pignon sur la rue Sainte-Catherine dans la section du Village gai qui devient piétonnière de mai à août. L'endroit est petit et étroit mais le design moderne, la musique très animée, l'éclairage tamisé et le personnel de service jeune et cool font du *Mozza* un des restos *apportez votre vin* où le client ne s'ennuie surtout pas! En cuisine, le mot d'ordre du chef Jason Kravitz est : ingrédients frais au service de la créativité. Vous aurez à consulter deux menus sur ardoise : un pour les spéciaux et l'autre pour les suggestions-passions du chef. Les plats en table d'hôte sont servis avec salade César et un choix d'entrée. Quant aux pâtes, elles sont réparties en quatre variations, selon cinq sortes de sauces : à la crème, rosée, à la tomate, à l'huile d'olive et au fromage. Pour ceux qui préfèrent y aller mollo dans les glucides, on vous propose salades, pizzas (à croûte mince) et plats de viandes ou légumes sautés. La nourriture chez *Mozza* est simplement appétissante et d'excellente qualité. Et, sans aucun rapport avec la salle à manger, il faut mentionner les surprenantes et inoubliables… salles de toilettes. En un mot : fabuleuses. Elles remporteraient un prix d'originalité. Sans tout révéler, on peut au moins mentionner la boule disco. Petit resto, grosse ambiance! Faites-en vous-même l'essai. Mais réservez : on n'est jamais seul à vouloir bien manger dans une atmosphère unique.

1208, rue Sainte-Catherine (à l'est de Montcalm)
(514) 524-0295
Métro : Beaudry
Horaire : lun-ven 18h-22h; sam-dim 17h30-22h
Cartes : Visa, MC
Terrasse : oui
Pour végétariens : oui
Accès fauteuil roulant : oui
Prix : entrées 3-12; plats principaux 17-25

Oggi Ristorante

Oggi est un restaurant familial géré par Renato et Daniele Carpanzano, deux frères qui ont su mettre à profit les recettes de leur Nonna pour créer une oasis de réconfortante cuisine-maison italienne au beau milieu d'un centre commercial du West Island. Même si l'endroit est grand, conçu pour les groupes et les fêtes et affiche toujours «complet» sur sa terrasse d'été, l'ambiance demeure détendue. En attendant votre repas, vous trempez dans l'huile d'olive et le vinaigre balsamique des morceaux du pain italien qu'on vous sert bien chaud. Parmi les entrées tout à fait méritantes, il y a l'assiette de boulettes de viande : trois juteuses et succulentes polpettes, grosses comme la paume de la main et qui baignent dans une riche sauce tomate parfumée d'herbes. Toute l'influence calabraise de la Nonna se fait sentir dans cette recette, précieux patrimoine familial. Le menu de plats principaux comprend un grand choix de pâtes à la viande ou aux fruits de mer et l'osso bucco, avec ses linguinis à l'ail, est superbe (et pour appétits costauds). Autres plats de prédilection : l'escalope de veau sauce au vin blanc avec poivrons rouges, câpres et olives noires; et le poulet grillé avec champignons, amandes rôties et vin blanc. La nourriture chez *Oggi* est bonne, généreuse, pleinement satisfaisante et servie par un personnel affable. On s'est également soucié d'inclure au menu des choix spéciaux pour les enfants alors allez-y en famille, sans oublier d'apporter votre bouteille de vin préféré.

3689, boulevard Saint-Jean, Dollards-des-Ormeaux (angle Blue Heaven)
(514) 620-0034
Horaire : dim-jeu 11h-22h; ven-sam 16h-23h
Cartes : cartes principales, Interac
Terrasse : oui
Pour végétariens : oui
Accès fauteuil roulant : oui
Prix : entrées 4-15; plats principaux 12-42

O Thym

Efficacité et élégance caractérisent ce bistrot situé dans le Village gai. Cousin du restaurant *Les Infidèles* (autre *apportez votre vin*), *O Thym* satisfait toutes les attentes : cuisine française moderne, légère et d'une grande fraîcheur, audacieux et heureux mariages de saveurs, repas sophistiqué dans un environnement agréable. Particularité très bistrot, on ne vous met pas de menu entre les mains; les nombreux et remarquables spéciaux du jour figurent sur de grandes ardoises. Au menu des entrées, on peut retrouver la salade de roquette, magret de canard fumé et parmesan ou encore de somptueux pétoncles avec salsa de mangue et chayotte. Autre délicieuse tentation en début de repas : les ris de veau en croûte de pistaches, cidre de glace et anis. Quant aux plats principaux, grâce à une respectable sélection de poissons et fruits de mer, *O Thym* se démarque du très classique saumon sur lequel se rabattent bien des restaurants français. Le thon, sauce cari, miel et noix de coco grillée ou encore la poêlée de crevettes à la tomate, ail et pastis en sont de savoureux et probants exemples. *O Thym* est souvent bondé mais le service demeure rapide et attentif. On y savoure une cuisine française qui ose dans une atmosphère animée et un décor sobrement original qui témoignent de la créativité et du bon goût de ses propriétaires.

1112, boulevard de Maisonneuve est (à l'est de Amherst)
(514) 525-3443
www.othym.com
Métro : Berri UQAM ou Beaudry
Horaire : mar-ven 11h30-14h; dim-jeu 18h-22h;
   ven-sam 18h-23h; brunch sam-dim 10h30-15h
Cartes : cartes principales
Terrasse : non
Pour végétariens : choix limités
Accès fauteuil roulant : les toilettes sont au sous-sol
Prix : le midi 16-19; le soir : entrées 8-18;
   plats principaux 19-33

P'tit Plateau, Le

Ce petit resto tranquille est tout ce qu'on peut désirer d'un bistrot de quartier : c'est intime, le décor est chaleureux et la cuisine du sud de la France ne déçoit jamais. Les petites tables de bois disposées à la française obligent chacun à jouer du coude avec son voisin mais si on veut prendre un peu plus ses aises, il suffit de réserver près des fenêtres (surtout lorsqu'elles sont ouvertes sur la rue, l'été). Ici, les portions sont généreuses alors si vous prenez une entrée, assurez-vous d'avoir l'appétit en conséquence. Ou alors partagez, comme il est recommandé de le faire si vous plongez dans le riche et copieux foie gras, un mets-signature de la maison. Tous les plats principaux vous donnent droit à un choix de soupe ou de salade. Cette liste de plats comprend du cerf rouge – bien maigre, aux saveurs robustes, médium saignant et accompagné d'une merveilleuse sauce aux petits fruits. Le jarret d'agneau fondant se laisse manger et le superbe cassoulet est si populaire qu'il disparaît souvent très vite de la carte. Pour ceux qui délaissent un peu la viande, le saumon enrobé d'une légère croûte est un excellent choix. Si votre appétit tient le coup jusqu'au dessert, la crème brûlée est délicieuse. Les réservations sont de rigueur au *P'tit Plateau* et si vous désirez prendre votre temps, optez définitivement pour le deuxième service. Bon appétit!

330, rue Marie-Anne est (angle Drolet)
(514) 282-6342
Métro : Mont-Royal
Horaire : mar-sam 17h30-22h
Cartes : MC, Visa
Terrasse : non
Pour végétariens : choix limités
Accès fauteuil roulant : non
Prix : entrées 8-18; plats principaux 29-34

Pégase, Le

Coquet restaurant *apportez votre vin, Le Pégase* loge au rez-de-chaussée d'une maison centenaire dans le quartier résidentiel Gilford-Papineau. L'endroit est populaire, et avec raison : le prix de la table d'hôte est tout à fait correct si on considère l'excellente nourriture et le soin apporté à plusieurs petits détails dont la jolie vaisselle, les variétés de pains, les nappes et les serviettes. Une fois installé dans cet agréable environnement, offrez-vous une entrée d'escargots au bleu avec pommes caramélisées, ou encore une salade tiède de canard déglacé au vinaigre balsamique. La présentation de chaque assiette offre quelque chose d'original; par exemple, on met la nourriture en valeur en l'entourant de filets de sauce enforme de cercle ou d'étoile, pour un effet très charmant. D'ailleurs, une autre entrée – les pétoncles en aumônière, crème au vin blanc et basilic – relève autant de l'art que de la gastronomie. Autre talent de la maison : cuire les viandes juste à point, parfaitement rosées. Que ce soit le succulent suprême de canard au zeste d'orange confit, le carré d'agneau aux deux moutardes ou le médaillon d'autruche avec sauce aux airelles du nord, chaque pièce de viande sort des cuisines du *Pégase* préparée exactement selon le degré de cuisson désiré. En fin de repas, on propose une assiette de fromages du Québec et une carte de desserts assez fournie – deux belles façons de clore la soirée. L'endroit est intime et les places limitées; les réservations sont donc recommandées de même que, et surtout, votre meilleure bouteille.

1831, rue Gilford (à l'est de Papineau)
(514) 522-0487
www.lepegase.ca
Métro : Laurier et autobus 27
Horaire : mar-dim 17h30-23h (la cuisine ferme à 21h30)
Cartes : cartes principales
Terrasse : oui
Pour végétariens : non
Accès fauteuil roulant : deux marches
Prix : table d'hôte 22-30; table d'hôte gourmande 33-41

Piton de la Fournaise, Le

Les cultures d'Europe, d'Afrique, d'Inde et de Chine se rencontrent au *Piton de la Fournaise*, un *apportez votre vin* gastronomiquement hors des sentiers battus car il s'agit du seul endroit à Montréal où on sert la cuisine de la Réunion, une île française à l'est de Madagascar dans l'océan Indien. Amical et sans prétention, ce resto reflète bien la culture des îles. Le décor est fait de panneaux de bambou, d'illustrations aux tons éclatants, les chaises, nappes et serviettes de table sont une véritable explosion de couleurs et surtout, la nourriture est à l'image de cet environnement vivifiant. Le menu donne quelques définitions mais les proprios, souvent sur place, se font un plaisir d'expliquer aux clients les plats, tout en faisant leurs recommandations. De l'agréable soupe au cresson au nourrissant cari de requin, chaque mets est servi en portion généreuse et relevé d'épices aux goûts délicats et exotiques. Un trio de sauces-trempettes légèrement piquantes – saveurs d'aubergine, tomate et citron – accompagne les plats de résistance et crée un contraste de fraîcheur avec les caris. Deux autres plats intéressants et dignes de vos papilles : la salade de papaye, mangue, carotte, fraise et crabe ainsi que le lapin au lait de coco et cumin. Dessert traditionnel de la Réunion, le gâteau de patates douces couronné d'une bonne cuillerée de crème est la perfection même et une façon idéale d'achever votre virée culinaire tropicale.

835, rue Duluth est (à l'est de Saint-Hubert)
(514) 526-3936
www.restolepiton.com
Métro : Sherbrooke ou Mont-Royal
Horaire : mar-dim 17h30-23h
Cartes : cartes principales, Interac
Terrasse : non
Pour végétariens : non
Accès fauteuil roulant : deux marches à l'entrée
Prix : entrées 7,50$; plats principaux 24,75-29,75$
(comprend soupe/salade et dessert)

Pizzeria Napoletana

La pizza parfaite est une question d'équilibre entre le fromage et les autres ingrédients et sa base doit être mince et croustillante, du centre au pourtour. Une pizza de cette qualité ne se trouve pas partout et pourtant, depuis plus de 60 ans, c'est ce que sert Pizzeria Napoletana, en plein cœur de la Petite Italie. L'établissement sans prétention et à l'atmosphère bien décontractée comporte une petite terrasse et une salle à manger dont les tables sont assez nombreuses pour les groupes et la clientèle régulière. Originalité du décor, on retrouve à l'intérieur le plus naturel des arbres artificiels qu'il nous ait été donné de voir… Mais passons à la nourriture. Vous pouvez choisir entre plus de trente pizzas et autant de plats de pâtes, salades, antipasti et desserts. Les pizzas Amalfitana et du Chef constituent d'excellents choix tout comme les spaghettis pescatore et les raviolis biancoverde. Quant aux salades, elles sont servies en portions assez grandes pour être partagées. Le service est parfois un peu pressé car les pizzas doivent sortir à toute allure s'il faut venir à bout de la file qu'il est commun de voir se former à l'extérieur du restaurant. Mais cela fait partie du folklore de la maison. Si Naples fut le berceau de la pizza, Montréal en est toujours aujourd'hui une des heureuses héritières, grâce à *Pizzeria Napoletana*.

189, rue Dante (angle De Gaspé)
(514) 276-8226
www.napoletana.com
Métro : De Castelnau ou Jean-Talon
Horaire : lun-mar 11h-23h; mer-jeu 11h-minuit; ven-sam 11h-1h; dim midi-minuit
Cartes : comptant seulement
Terrasse : oui
Pour végétariens : oui
Accès fauteuil roulant : deux marches
Prix : 9,50$-17,50$

Poisson rouge, Le

Enfin, un restaurant qui célèbre les abondants délices de la mer et où l'on peut apporter son vin préféré! Ce bistrot pour amateurs de poisson ne néglige cependant pas d'offrir de savoureuses options pour les convives aux instincts plus carnivores. Officiant aux fourneaux depuis fin 2008, la chef propriétaire Jeannine Ouellette vous accueille, par canicule ou grand froid, dans son établissement à la fois sans prétention et raffiné, situé face au parc Lafontaine. Le décor est clair et accueillant, le service attentionné et l'atmosphère décontractée. En entrée, on nous propose la mer – moules, saumon fumé, ceviche de pétoncles – avec une pointe de terre : chèvre, foie gras, soupe à l'oignon. Même proposition, mais plus élaborée, pour les plats principaux : aile de raie, moules à la provençale, pétoncles canadiens et steak de thon mais aussi, steak Angus, cuisse de canard confite, carré d'agneau et cœur de ris de veau. La formule table d'hôte comprend : entrée, potage ou salade, plat principal, dessert et café et, compte tenu de la fraîcheur des produits et des assiettes bien remplies, le prix de 38$ est des plus convenables. Vous pouvez aussi commander à la carte. Les desserts changent constamment mais si la crêpe aux pralines est offerte lors de votre visite, n'hésitez pas! Avis aux piscivores tentés par l'expérience : *Le poisson rouge* est un petit chouchou de quartier et il y a vite foule en soirée alors, mieux vaut réserver! Ne jetez pas votre bouteille à la mer… Partagez-la en bonne compagnie au *Poisson rouge*.

1201, rue Rachel est (angle de La Roche)
(514) 522-4876
www.restaurantlepoissonrouge.ca
Métro : Mont-Royal et autobus 97 est
Horaire : mar-mer 17h-21h30, jeu-sam 17h-22h
Cartes : cartes principales, Interac
Terrasse : non
Pour végétariens : entrées seulement
Accès fauteuil roulant : non
Prix : entrées 9-12; plats principaux 28-38

Prunelle, La

La Prunelle est un des petits plaisirs de la vie. Dans cet établissement familial ouvert depuis 1999, la chef Sonia Pinel nous fait découvrir une cuisine française aux accents nouveaux et qui pique la curiosité. Si le menu intrigue, la salle à manger a elle aussi un cachet unique : les fenêtres du long espace rectangulaire s'ouvrent à la façon de portes de garage sur la rue Duluth, donnant aux clients, en été, l'impression de manger *al fresco*. L'hiver, ce grand espace vitré a plutôt l'effet d'accentuer le côté intime du restaurant. Sur une ardoise sont inscrits les spéciaux du jour, le menu dégustation ainsi que les sorbets alcoolisés (histoire de donner encore plus d'éclat à votre repas). Soucieuse d'acheter des produits locaux et en saison, chef Pinel fusionne ingrédients du Québec et influences d'ailleurs. Et les mariages sont réussis : caris, hoummos à l'huile de sésame, chutneys à la poire et à la mangue… Selon l'inspiration du moment, délectez-vous d'un confit de lapin avec sauce au fromage bleu Bénédictin, d'un magret de canard avec réduction d'Estafette de Dunham (un apéritif de type porto) ou du raffiné filet d'agneau en croûte d'herbes. Quant aux desserts, la carte est assez classique (crème brûlée, crème caramel) mais à environ 9$, l'assiette de fromages qui comprend trois choix locaux est une succulente occasion. *La Prunelle* se distingue par son menu intéressant et varié, et la créativité de son chef enrichit le patrimoine du *apportez votre vin* montréalais.

327 Duluth est (angle Drolet)
(514) 849-8403
Métro : Sherbrooke
Horaire : lun-dim 17h30-22h30
Cartes : cartes principales
Terrasse : non
Pour végétariens : non
Accès fauteuil roulant : quelques marches
Prix : plats principaux 28-60

Punjab Palace

La rue Jean-Talon, entre Parc et l'Acadie est reconnue pour ses restos indiens authentiques et abordables. Autrefois un quartier grec, Parc-Extension a maintenant des couleurs d'Asie de l'est, avec la présence de quelques autres nationalités et des vestiges de l'époque grecque. Au cœur de cette vibrance ethnique prospère aujourd'hui le *Punjab Palace*, vaste restaurant familial accueillant, au décor soigné. Le menu offre un grand choix de plats préparés au tandoor (four indien avec intérieur en terre cuite), comme le poulet tikka, délicatement assaisonné et mariné, succulent lorsque trempé dans une raita. On retrouve aussi des caris, des kormas, des kadhais (mets cuits dans la version indienne du wok), quelques spécialités sambar du sud de l'Inde et plusieurs pains. Tous les plats populaires et favoris des amateurs y sont : du délicat poulet au beurre au vindaloo le plus épicé. Les végétariens y trouveront aussi leur bonheur avec, par exemple, l'assiette combinée thali ou le channa masala, un mélange de pois chiches, yaourt et épices traditionnel du nord de l'Inde. Par une belle journée chaude, osez l'expérience vraiment indienne et rafraîchissez-vous avec un lassi bien salé. Pour un contraste très sucré, les spongieux gulab jamuns sont un excellent choix de dessert, surtout lorsqu'on les trempe dans un bon chai chaud avec beaucoup de lait. Le *Punjab Palace* coule des jours heureux grâce à sa clientèle assidue et nombreuse; ainsi, le samedi, il vaut mieux réserver avant de vous y présenter avec votre vin ou votre bière fraîche.

920, rue Jean-Talon ouest (angle Stuart)
(514) 495-4075
www.punjabpalace.ca
Métro : Acadie
Horaire : mar-jeu et dim midi-22h; ven-sam midi-23h,
Cartes : cartes principales, Interac
Terrasse : non
Pour végétariens : oui
Accès fauteuil roulant : non
Prix : peu dispendieux

Quartier général, Le

Récemment ouvert par une équipe de jeunes restaurateurs ambitieux, *Le Quartier général* apporte un éclat nouveau à l'expérience *apportez votre vin* montréalaise. Hauts plafonds, grandes fenêtres, décor chic et frais font qu'on respire légèreté et lumière dans l'élégante salle à manger. Les ardoises affichent un menu de saison avec, en vedette, les meilleurs ingrédients du terroir québécois et une abondance de choix. Le menu change constamment mais le soir de notre visite, la liste d'entrées comprenait une soupe à l'oignon avec sirop d'érable, des escargots avec jambon de Bayonne, des raviolis au crabe dans une purée de poivron rouge et des pétoncles, crème au cari, tous à 9$. En plat principal, vous pourriez opter pour la côtelette de veau, parfaitement rosée et servie avec une onctueuse purée de panais et de croustillants shiitake, l'omble chevalier saisi côté peau avec asperges et riz noir et, le plat le plus adulé de notre groupe, la longe de lapin de Stanstead farcie aux chorizos et accompagnée de topinambours. La jolie présentation fait honneur à la qualité de la nourriture et, chose rare dans un *apportez votre vin*, l'assiette comprend une bonne variété de légumes. Pour les amateurs de desserts, le gateau au fromage au Kahlúa est tout simplement divin. *Le Quartier Général*, c'est une assiette de produits locaux de qualité offerts à bons prix dans une atmosphère parmi les plus engageantes qu'il nous ait été donné d'apprécier dans un établissement *apportez votre vin*.

1251, rue Gilford (angle Brébeuf)
(514) 658-1839
Métro : Laurier
Horaire : mar-sam 18h-23h
Cartes : cartes principales
Terrasse : non
Pour végétariens : choix limité
Accès fauteuil roulant : deux marches à l'entrée
Prix : 30-40

Raclette, La

Niché au coin de deux rues tranquilles et mitoyen des confortables triplex du Plateau Mont-Royal, *La Raclette* célèbre sur un ton d'élégance bourgeoise les délices de la cuisine de Suisse et d'Europe. Si la raclette est le plat, le raclette (au masculin) est le fromage semi-ferme au lait de vache que l'on fait fondre en surface pour le déguster avec des pommes de terre, du pain, des oignons marinés et des cornichons. Un vrai péché de gourmand! Heureusement, la raclette est non seulement proposée en plat principal mais aussi, en version plus modeste, en entrée. Le reste du menu est typiquement bistrot – saumon, longe de veau, poitrine de canard et bavette de bœuf – avec certains plats aux accents suisses comme la fondue au fromage, le veau à la zurichoise, les crêpes au fromage et au thym et bien entendu, la raclette plus élaborée en plat principal. Détail agréable, on met à chaque table un petit pot de légumes marinés parfaits pour grignoter avec un bon morceau de baguette en attendant le repas. En été, il fait bon dîner sur la terrasse donnant sur Gilford, bien abrité sous un treillis feuillu. Et en hiver, comment résister au convivial bien-être d'un repas entre amis autour d'une bonne bouteille et d'une nourrissante raclette chaude? On se réjouit que la cuisine suisse soit si bien représentée parmi les restaurants *apportez votre vin* de Montréal et ce, depuis 1985.

1059, rue Gilford (angle Christophe-Colomb)
(514) 524-8118
Métro : Laurier
Horaire : lun-dim 17h30-minuit (la cuisine ferme à 21h)
Cartes : cartes principales, Interac
Terrasse : oui
Pour végétariens : oui, si le fromage est permis
Accès fauteuil roulant : deux marches
Prix : entrées 9$; plats principaux 22$-39$ (y compris la table d'hôte)

Ristorante Portovino

Situé dans le West Island, le long de l'autoroute transcanadienne, *Ristorante Portovino* est un restaurant italien qui fait dans l'abondance. À l'image de sa grande capacité, son menu exhaustif vous propose un impressionnant choix de spécialités italiennes. Malgré son décor imposant – salle à manger sur deux étages, grandes fenêtres, foyer de pierre et plafonds hauts avec poutres de bois – l'atmosphère du *Portovino* demeure chaleureuse et sophistiquée. Le menu comprend des spéciaux du jour et, pour faire apprécier au client ce qu'on lui propose, viandes et poisson encore crus sont présentés aux tables sur des plateaux portés par des serveurs qui émergent des cuisines; idem quant aux desserts, en fin de repas. Cette touche originale tient le personnel de service bien occupé et favorise une ambiance très vivante. Parmi les meilleurs choix figurent le veau de lait du Québec, le bœuf Angus, l'osso bucco alla Milanese, le saumon de l'Atlantique, les linguini de blé entier avec crevettes ainsi que la combinaison moules-frites. Les pizzas cuites au four à bois ont une croûte mince et croustillante. Les dimanches, gare à votre tour de taille : on sert un buffet à volonté. Apportez votre volonté. Excellente nourriture, ambiance animée et chaleureuse – et même, avec jazz *live* les dimanches – font de *Ristorante Portovino* le restaurant de choix pour un repas en groupe, le tout arrosé d'un bon vin.

1290, route Transcanadienne (voie de service sud, au boulevard Hymus)
(514) 683-8466
Horaire : lun-mer 11h-22h; jeu-ven 11h-23h; sam 16h-23h; dim 10h-14h et 17h-22h
Cartes : cartes principales, Interac
Terrasse : non
Pour végétariens : oui
Accès fauteuil roulant : oui
Prix : entrées 10-12; plats principaux 13-42

Steak frites St-Paul, Le

Le Steak frites St-Paul est une chaîne de franchises fondée en 1986. La succursale qui nous intéresse se trouve sur Laurier ouest, à l'adresse anciennement occupée par *Eduardo*. Avec ses deux étages, l'endroit est assez vaste pour accueillir les groupes et la clientèle régulière et il fait bon y apporter son vin et déguster un repas de steak à prix raisonnable. Deux coupes de viande sont proposées – le bifteck de coquille d'aloyau, 7oz et 9oz; le filet mignon, 5oz et 10oz – et servies avec un choix de trois sauces assez intéressantes. Au menu figurent également la côtelette d'agneau, le confit de canard, le filet de saumon grillé et l'assiette terre et mer. Pour accompagner votre steak, on vous propose des champignons sautés, des haricots verts (à la fois tendres et croquants) ou une brochette de légumes et… des frites, des vraies de vraies! Et si vous levez les yeux de votre assiette une seconde, cette portion de frites sera regarnie sans que vous vous en aperceviez. Chaque plat principal est servi avec une salade de laitue Boston et sa vinaigrette crémeuse. Quant aux steaks, ils font très honorablement leur devoir mais il est prudent, lorsque le resto roule à plein régime, de commander un niveau de cuisson moindre que ce que vous désirez (donc, médium saignant si vous visez médium) car lors du coup de feu, il peut arriver qu'un steak ou deux languissent sur le gril. À noter que *Le Steak frites* original au 12, rue Saint-Paul ouest, a une jolie terrasse.

1014, avenue Laurier ouest (angle Hutchison)
(514) 270-1666
www.steakfrites.ca
Métro : Place-des-Arts et autobus 80
Horaire : lun-jeu 10h30-22h; ven 11h-23h; sam 16h-23h;
   dim 16h-22h
Cartes : cartes principales, Interac
Terrasse : pas à cette succursale
Pour végétariens : pas vraiment!
Accès fauteuil roulant : non
Prix : entrées 5-13; plats principaux 14-38

Sushi Mou-shi

Sur le boulevard Décarie, *Sushi Mou-shi* passe inaperçu parmi les autres devantures commerciales quelconques. Mais on ne va pas chez *Sushi Mou-shi* pour le look : ce sont les sushis et les prix abordables qui valent le détour. Fèves edamame, crevettes tempura, soupe miso, waki-maki… *Sushi Mou-shi* ne sert que du frais, avec une touche créative. Côté décor, le resto fait dans la simplicité volontaire mais vous trouverez un salon avec tatami à l'arrière. En entrée, les raviolis japonais frits – ou gyozas – sont délicieux : extérieur juste assez croquant et intérieur farci de poulet haché au goût bien relevé d'oignon. Impossible de n'en manger que dix ou quinze. La pâte tempura est légère et ne vole pas la vedette à ce qu'elle enrobe, les fèves edamame sont sobrement assaisonnées au sel de mer et la soupe miso a un goût délicat. Le menu de sushis a de quoi satisfaire les clients plus traditionnels (thon épicé, rouleau californien) et offre d'excitantes créations originales à ceux en quête d'inédit. Un exemple : le waki-maki, un rouleau de riz farci de saumon épicé, avocat, tempura, carottes et concombre. Il y a aussi un bon choix de sushis cuits : rouleaux au poulet ou bœuf, saumon teriyaki. Ceux qui veulent se payer une grande bouffe peuvent aussi opter pour la formule «à volonté». Mais peu importe la formule, une surprise vous est réservée en fin de repas : la facture très peu salée!

5193, boulevard Décarie (angle Queen Mary)
(514) 369-8860
www.sushimoushi.ca/ (cliquez sur *Our menu* pour
   du français)
Métro : Snowdon
Horaire : lun-dim 17h-21h30
Cartes : Visa, MC
Terrasse : non
Pour végétariens : oui
Accès fauteuil roulant : deux marches à l'entrée
Prix : entrées 2,25$-5,75$; sushis 2,75$-5,50$;
   yaki 14,95$-16,95$

Terrasse Lafayette

Resto de quartier par excellence, la *Terrasse Lafayette* est l'endroit parfait pour un repas relax qui ne vous obligera pas à casser votre petit cochon. Et attention : le décor rétro n'est pas un décor, il est authentique! Il ne manque que les serveuses avec chignon crêpé. Cependant, le clou de l'endroit demeure la terrasse couverte qui suit le coin Villeneuve et Jeanne-Mance et fait très BBQ-de-patio avec ses tables et ses chaises de plastique. Quant au menu il y a de tout, et sans chichi : pâtes, pizzas, souvlakis, brochettes, sous-marins, hamburgers, salades. D'ailleurs le colossal hamburger Lafayette a la réputation de ne pas être pour les appétits faibles. Bref, pour une bouffe sans prétention – pas de surprise mais pas de désagrément – avec une bonne bouteille de vin, bien installé pour profiter d'une soirée d'été, en famille ou entre amis, c'est l'idéal. *Terrasse Lafayette* a quelque chose de familier et convivial, une atmosphère accueillante de voisinage où des habitués capables de réciter le menu par cœur viennent s'asseoir à deux pas de chez eux.

250, rue Villeneuve ouest (angle Jeanne-Mance)
(514) 288-3915
Métro : Place-des-Arts et autobus 80
Horaire : lun-dim 11h-23h
Cartes : Visa, MC, Interac
Terrasse : oui!
Pour végétariens : oui
Accès fauteuil roulant : oui
Prix : entrées 5,95$-13,95$; plats principaux 4,95$-24,95$

Toucheh

Depuis plus de dix ans, au cœur du Victoria Village à Westmount, *Toucheh* associe confort tranquille et bonne cuisine. On y sert une fusion de mets italiens et iraniens dans une atmosphère accueillante : cuisine ouverte sur la salle à manger, décor sans prétention, choix affichés au tableau et propriétaires toujours présents et heureux de vous expliquer leur menu. Les plats, surtout italiens mais avec des nuances perses, sont servis avec soupe du jour ou salade. Le penne cardinale, dans sa sauce rosée, avec poulet et champignons est un pur délice : crémeux et aillé à souhait, mais sans l'être trop. L'escalope de poulet, servie dans une délicate sauce au citron, est parfaitement assortie d'excellents fettuccines à l'ail et à l'huile d'olive. Le foie, cuit à la perfection, est lui aussi servi avec des fettuccines. Quant au pavé de saumon, il est accompagné de haricots blancs, de riz et d'une tomate grillée bien chaude. Pour dessert, c'est pouding au riz ou tiramisu. En ce qui nous concerne, pas de débat : c'est le tiramisu. En semaine ou le week-end, habitué ou client d'un soir, un repas chez *Toucheh* procure contentement de l'âme et des papilles.

315, avenue Prince-Albert (angle Somerville)
(514) 369-6868
Métro : Vendôme ou autobus 24 sur Sherbrooke
Horaire : mar-dim 17h-23h
Cartes : Visa
Terrasse : non
Pour végétariens : oui
Accès fauteuil roulant : non
Prix : plats principaux 17,95$-26,95$

Trattoria il Piatto Pieno

Si vous ressentez l'appel de l'escalope de veau au citron ou d'une bonne assiette de pâtes, dirigez-vous Petite Italie, à la *Trattoria il Piatto Pieno* où l'on sert une réconfortante cuisine italienne dans une atmosphère animée. L'environnement est traditionnel italien, à grande échelle : nappes carrelées blanc et rouge, solarium (sublime d'y rester bien au chaud les soirs de tempête), et surtout, immense terrasse avec fontaine. La nourriture y est simple et nourrissante, les portions généreuses. En guise d'antipasti, les légumes grillés, la saucisse italienne avec aubergines marinées ou les salades sont d'excellents choix, tous servis en quantités suffisantes pour être partagés. La pizza de la maison, avec sa croûte plus épaisse, est un composite américano-italien; le choix de garnitures proposées est vaste mais essayez la Zingara dont la sauce tomate est agrémentée de tomates séchées, olives, poivrons, artichauts et champignons. Les pâtes, servies juste *al dente* comme on les aime, sont délicieuses et les plats de veau et de poulet sont servis avec un choix de légumes vapeur ou de pâtes en sauce tomate-basilic (que nous recommandons). La traditionnelle escalope de veau piccata al limone est une option très intéressante ainsi que le poulet alla Veneziana apprêté avec échalotes, ail, huile d'olive et citron. L'endroit est souvent bondé et l'atmosphère y est d'une gaieté parfois bruyante alors remettez votre repas d'amoureux à plus tard, appelez des copains et apportez votre bouteille!

177, rue Saint-Zotique est (à l'ouest De Gaspé)
(514) 276-1076
Métro : Beaubien ou Jean-Talon
Horaire : mar-dim 17h-21h (dernière réservation)
Cartes : cartes principales, Interac
Terrasse : oui, très grande
Pour végétariens : oui
Accès fauteuil roulant : oui
Prix : entrées 6,95$-14,95$; plats principaux 15,95$-20,95$

Vivaldi

Un centre commercial de banlieue est un endroit peu commun où dénicher un *apportez votre vin* de qualité. Et pourtant sur le boulevard Gouin à Pierrefonds, entre une épicerie et un salon de beauté, les frères Dave et Steve Droulis ont établi *Vivaldi*, un restaurant élégant où le client peut savourer un très bon repas italien servi par un personnel empressé. Espace tout en longueur, cuisine ouverte, mobilier de bois… l'atmosphère du *Vivaldi* est raffinée et moderne. Le menu propose une grande variété de mets italiens : de la pizza aux pâtes en passant par les fruits de mer, le bœuf, le veau et le poulet. En entrée, la pieuvre grillée sur charbon – badigeonnée d'huile d'olive, chatouillée de près par la flamme et servie avec oignons et câpres – est tout simplement exquise. Sont aussi recommandées : l'aubergine à la parmesane et la salade César. Vous pourriez aussi débuter en partageant une pizza Marguerita, simple mais délicieuse avec sa croûte mince, sa sauce tomate et une généreuse portion de fromage. En plat de résistance, il faut signaler les crevettes sautées avec ail et sambucca, tout bonnement succulentes. Pour le reste, vous aurez l'embarras du choix : scallopine de veau portobello, poulet cacciatore, saumon grillé de l'Atlantique, pennine all'Caprese (bocconcini et asperges) et pétoncles au pesto. Pour dessert, n'hésitez pas une seconde : optez pour le gâteau à la pâte d'amande et vous terminerez votre repas chez *Vivaldi* au 7e ciel.

13071, boulevard Gouin ouest, à Pierrefonds (angle Fredmir)
(514) 620-9200
www.restovivaldi.com
Métro : Henri-Bourassa, autobus 69 vers l'ouest
Horaire : mar-dim 16h30-22h30
Cartes : cartes principales, Interac
Terrasse : non
Pour végétariens : oui
Accès fauteuil roulant : oui
Prix : entrées 2,25$-16,95$; plats principaux 12,95$-27,95$

Yuukai, Fusion japonaise

Cet établissement du Mile End est vite devenu un des favoris des adeptes du *apportez votre vin*. L'endroit est très fréquenté et idéal pour les groupes, grâce à une salle privée à l'arrière pouvant accueillir seize convives. Le décor est discret mais en été, les fenêtres coulissantes s'ouvrent sur l'avenue du Parc et laissent entrer l'énergie éclectique du quartier. Le personnel du *Yuukai* est empressé et la nourriture très bonne. Pour ceux qui préfèrent autre chose que les sushis ou qui désirent débuter par une variété d'entrées, il y a les sashimis de bœuf, les calmars grillés, les gyozas (ou raviolis) au bœuf ou la pizza japonaise (une croûte panko plate garnie de poisson cru et d'avocat). Les plats principaux chauds comprennent l'assiette de fruits de mer, le poulet ou bœuf teriyaki, le saumon grillé et les choix de tempura courants. Les sushis sont une aubaine vu la grande qualité du poisson; d'ailleurs, le *Yuukai* a déjà conquis de nombreux Montréalais amateurs de sushis. Quant aux desserts, les choix sont limités mais le cheesecake au thé vert est une savoureuse affaire à plusieurs cuillères. Fusion japonaise – et une succursale de la SAQ littéralement à deux pas (Sapporo, saké ou votre vin préféré!) – ont fait du *Yuukai* un des restos *apportez votre vin* les plus courus du coin.

5658, avenue du Parc (au nord de Saint-Viateur)
(514) 278-4572
Métro : Place-des-Arts et autobus 80
Horaire : mar-jeu: 17h30-21h30; ven-sam 17h30-22h30
Cartes : Visa, MC, Interac
Terrasse : non
Pour végétariens : oui
Accès fauteuil roulant : non
Prix : entrées 2,95$-11,95$; plats principaux 15,95$-19,95$

Restaurants par quartiers

Atwater / Saint-Henri
Bitoque 21

Centre-Sud
Grenadine 39
Mozza 55
O Thym 57

Côte-des-Neiges / chemin Queen-Mary
Camélia des Tropiques 24

Côte-des-Neiges / Décarie
Sushi Mou-shi 69

Jean-Talon ouest / Parc-Extension
Bombay Mahal 23
India's Oven 43
Lyla 51
Punjab Palace 64

LaSalle
Campagnola, La 25

Mile End
À l'Os 15
Atelier, L' 20
Feuilles de Menthe 36
Terrasse Lafayette 70
Yuukai, Fusion japonaise 74

Notre-Dame-de-Grâce
Al Dente Trattoria 16
Alex H. 17

Outremont
Christophe 28
Cô Ba 30
Steak frites St-Paul, Le 68

Petite Italie
Fornarina, La 37
Pizzeria Napoletana 61
Trattoria il Piatto Pieno 72

Plateau Mont-Royal
À l'Os 15
Après le jour 19
Bleu Raisin, Le 22
Cash & Cari 26
Caverne grecque, La 27
Chuch Végé Thaï Express 29
Colombe, La 31
Couscous Royal, Le 32
Entrepont, L, 34
Feuilles de Menthe 36
Fou d'épices, Le 38
Héritiers, Les 40
Il Trullo 41
Ilios 42
Infidèles, Les 44
Jardin de Panos, Le 45
Jardin de Puits, Le 46
Khyber Pass 47
Lele da Cuca 48
Lotus Bleu 49
Lychee 50
Maison grecque, La 53
Monsieur B 54
Pégase, Le 59
Piton de la Fournaise, Le 60

Poisson rouge, Le 62
Prunelle, La 63
P'tit Plateau, Le 58
Quartier général, Le 65
Raclette, La 66
Terrasse Lafayette 70
Yuukai, Fusion japonaise 74

Pointe Saint-Charles
Machiavelli 52

Rosemont / La Petite-Patrie
Apollo 18
Fornarina, La 37
Pizzeria Napoletana 61
Trattoria il Piatto Pieno 72

Verdun
Délices de l'Île Maurice, Les 33

Village gai
Mozza 55
O Thym 57

West Island
Estiatorio la Porte grecque 35
Oggi Ristorante 56
Ristorante Portovino 67
Vivaldi 73

Westmount
Toucheh 71

Restaurants par types de cuisine

Afghane
Khyber Pass 47

Brésilienne
Lele da Cuca 48

Chinoise
Cô Ba 30

Française
À l'Os 15
Alex H. 17
Apollo 18
Après le jour 19
Atelier, L' 20
Bleu Raisin, Le 22
Christophe 28
Colombe, La 31
Entrepont, L' 34
Grenadine 39
Héritiers, Les 40
Infidèles, Les 44
O Thym 57
Pégase, Le 59
Poisson rouge, Le 62
Prunelle, La 63
P'tit Plateau, Le 58

Fruits de mer
Poisson rouge, Le 62

Fusion asiatique
Cô Ba 30
Grenadine 39

Grecque
Caverne grecque, La 27

Estiatorio la Porte grecque 35
Ilios 42
Jardin de Panos, Le 45
Jardin de Puits, Le 46
Maison grecque, La 53

Indienne
Bombay Mahal 23
India's Oven 43
Punjab Palace 64

Iranienne
Toucheh 71

Italienne
Al Dente Trattoria 16
Campagnola, La 25
Fornarina, La 37
Il Trullo 41
Machiavelli 52
Mozza 65
Oggi Ristorante 56
Pizzeria Napoletana 61
Ristorante Portovino 67
Toucheh 71
Trattoria il Piatto Pieno 72
Vivaldi 73

Japonaise
Cô Ba 30
Sushi Mou-shi 69
Yuukai, Fusion japonaise 74

Malaisienne
Cash & Cari 26

Marocaine
Couscous Royal, Le 32

Mauritienne
Délices de l'Île Maurice, Les 33

Nord-américaine
Terrasse Lafayette 70

Portugaise
Bitoque 21

Québécoise
Colombe, La 31
Entrepont, L' 34
Grenadine 39
Infidèles, Les 44
Monsieur B 54
Poisson rouge, Le 62
Prunelle, La 63
Quartier général, Le 65

Réunionnaise
Piton de la Fournaise, Le 60

Steaks et hamburgers
Steak frites St-Paul, Le 68
Terrasse Lafayette 70

Suisse
Raclette, La 66

Thaïlandaise
Chuch Végé Thaï Express 29
Cô Ba 30
Lychee 50

Végétarienne
Chuch Végé Thaï Express 29

Vietnamienne
Camélia des Tropiques 24

Feuilles de Menthe
Fou d'épices, Le
Lotus Bleu
Lyla